Enrique Agudo

PURO TERROR

Redbook

PURO TERROR

© 2023, Enrique Agudo Ramírez
© 2023, Redbook Ediciones

Diseño de cubierta: Daniel Domínguez

Diseño de interior: David Saavedra

Fotografías: Wikimedia Commons / Archivo APG

ISBN: 978-84-18703-56-0
Depósito Legal: B-5.320-2023

Impreso por Andalusí Gráficas Polígono Ind. Zárate Camino Nuevo de Peligros s/n
18210 Peligros (Granada)

Impreso en España - *Printed in Spain*

Enrique Agudo

PURO TERROR

Freud decía que lo siniestro es el único sentimiento
del que podemos tener una experiencia más intensa en
el arte que en la vida. Si hubiera que justificar de
algún modo el cine de género, creo que con esta afirma-
ción bastaría para certificarlo.

Stanley Kubrick

ÍNDICE

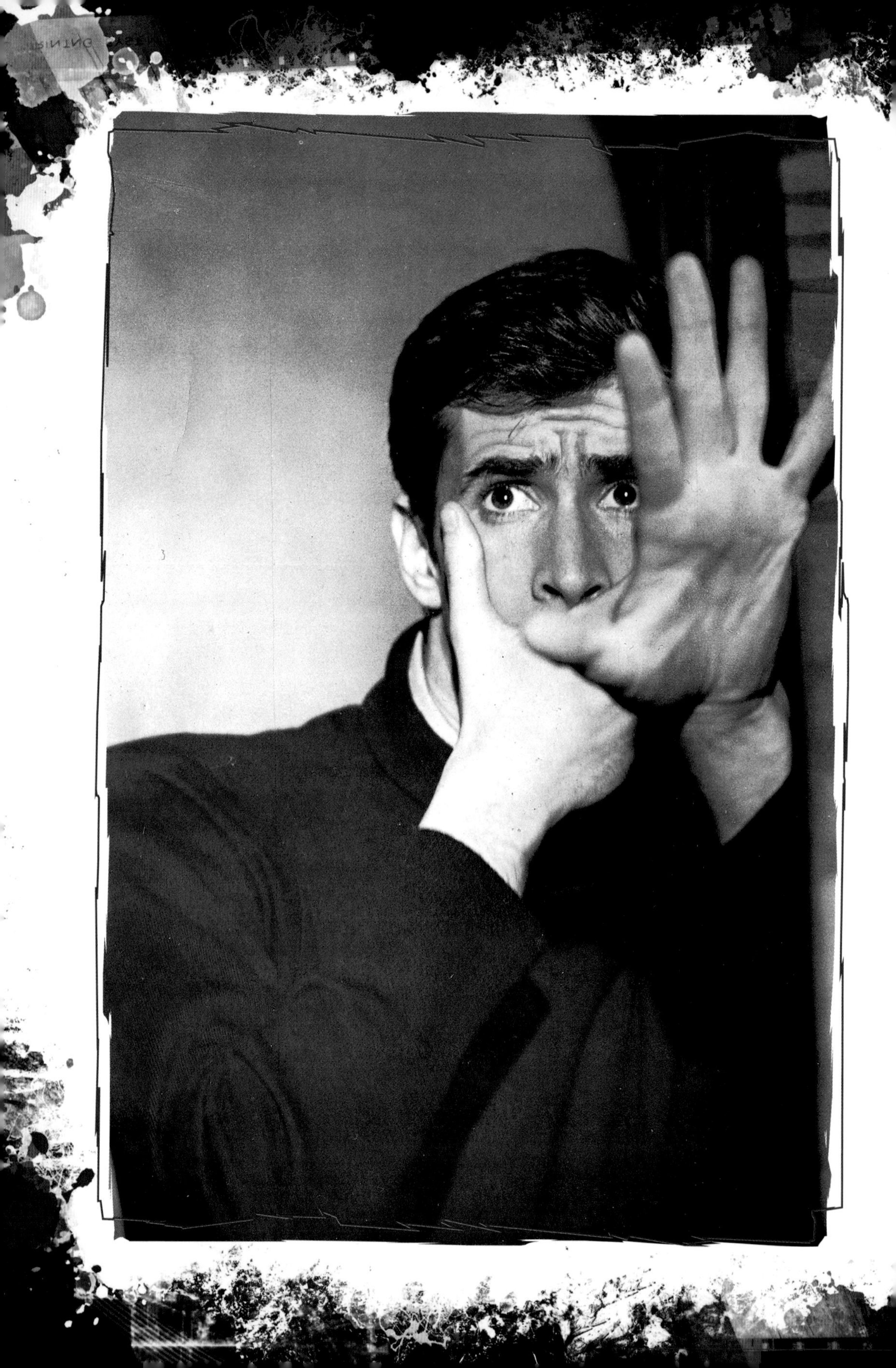

INTRODUCCIÓN

Los mejores momentos de nuestra vida aletean en nuestra memoria como jilgueros encerrados en una gran pajarera: el primer recuerdo de la infancia, los ratos en familia, las mil y una aventuras con los amigos, el beso que dio paso a los siguientes mil besos. Tanto las imágenes grabadas a fuego por su importancia como los pasajes aparentemente intrascendentes de nuestra existencia, conforman el mapa de lo que fuimos, somos y seremos. En ese potaje cerebral de cada uno flotan instantáneas de recuerdos ajenos, creaciones de otros que, dependiendo del momento vital, los consideramos más o menos relevantes. Aquí podrían caber tus canciones favoritas, los libros que te marcaron o esa película inolvidable —quizá solo para ti— que has visto trescientas veces.

Centrándonos, por fin, en el mundo del cine, y dependiendo de tu edad y tus gustos, te vendrán a la cabeza imágenes de lo más variado: desde los rostros de Humphrey Bogart e Ingrid Bergman despidiéndose en *Casablanca*, pasando por el «¡No puedes pasar!» de Gandalf a Balrog en *El señor de los anillos*, hasta la escena en la que Darth Vader confiesa a Luke que el sexo en las galaxias más lejanas sigue siendo el sexo de siempre.

Parafraseando al personaje de Rutger Hauer en *Blade Runner*, esos momentos cinematográficos no se perderán como lágrimas en la lluvia, sino que permanecerán en el interior de quienes deseen acercarse a ellos. Es la magia del séptimo arte, que, además, cuenta entre sus géneros con uno de los que —por su evidente impacto visual— más momentos regala al imaginario colectivo. Nos referimos, claro, al género de terror, y sería injusto decir que solo se recuerda por sus fotogramas sangrientos. El terror nutre su filmografía de abundantes escenas inquietantes que apelan al inconsciente, de ahí que perduren en la memoria del espectador. Se equivocan los que piensan que este tipo de películas fomentan la violencia o el sadismo; al contrario, las buenas cintas de miedo sirven como catarsis, ayudan a enfrentarse a los miedos y superarlos, a comprender que hay luz y oscuridad, y que no pueden vivir la una sin la otra.

Puro Terror expone numerosas secuencias que han atemorizado y sugestionado a varias generaciones. Si no eres fan del género, no pasa nada, aquí estoy para ayudarte, poniendo en contexto todo lo que rodea a las películas elegidas para procurar que no te pierdas. Si eres fanático o fanática de los escalofríos, pues también te doy la bienvenida a este particular tren del terror, y espero que el presente libro pueda aportarte información interesante, tanto de las obras no tan conocidas como de las que cuentan con interminables bibliografías a sus espaldas.

En cuanto a los títulos escogidos… no caben todos los grandes instantes del género, harían falta varios libros para eso, y como se suele decir: «No están todos los que son pero si son todos los que están».

¿Preparados? Pues subid a la vagoneta, bajad la barra de protección y cuidado con la cabeza. Los últimos que montaron la perdieron por el camino...

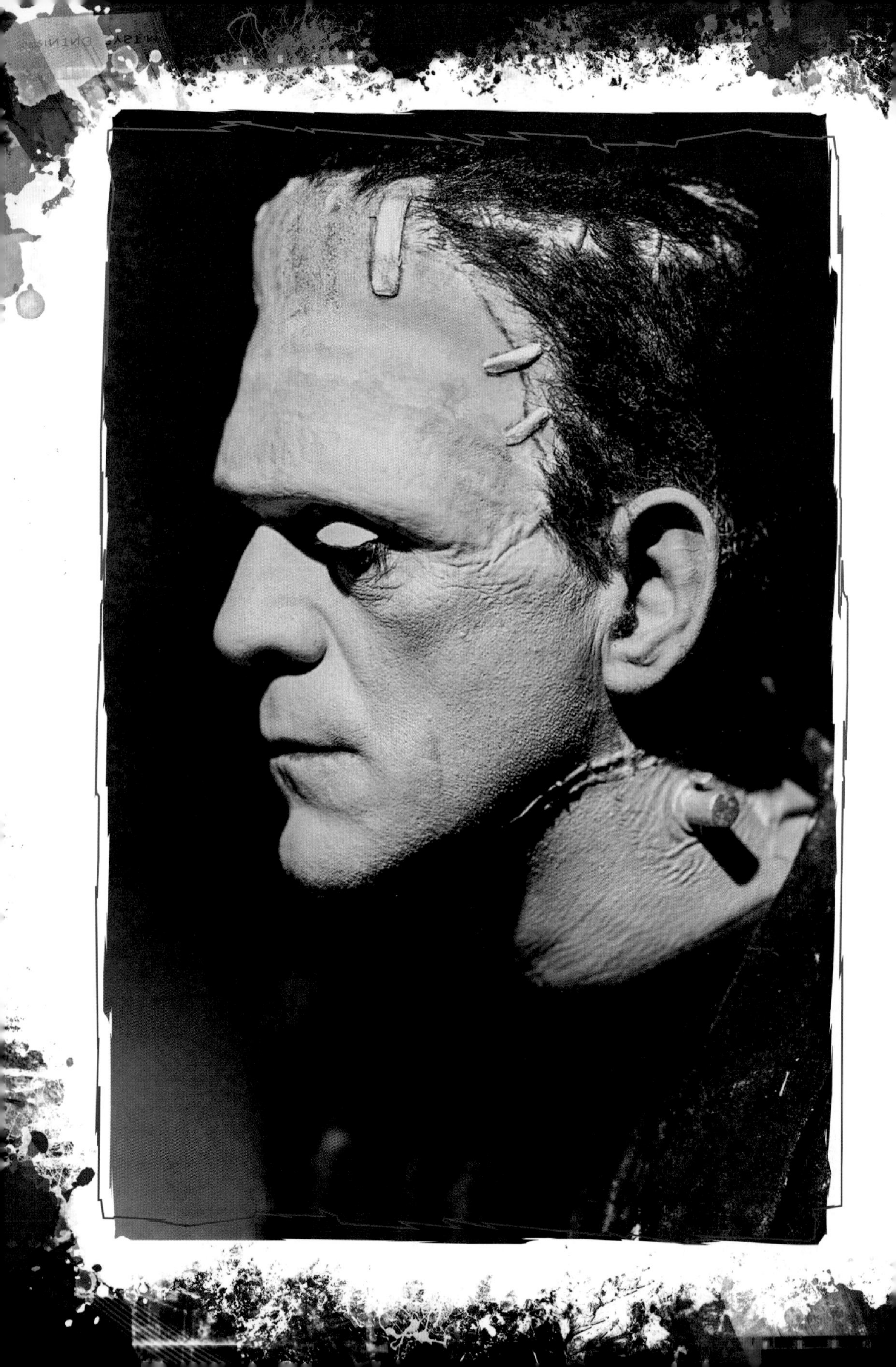

EL TERROR CLÁSICO

E l séptimo arte nació en 1895 de manos de los hermanos Lumière, y tan solo unos meses después el fabuloso George Méliès se encargó de dar el pistoletazo de salida al cine de terror con el cortometraje francés *La mansión del diablo* (1896). En 1910 se estrenaba *Frankenstein*, un corto estadounidense que transformaba en imágenes la novela de Mary Shelley, y que fue la primera adaptación cinematográfica de la historia. En Europa habría que esperar unos años para que, gracias al auge del cine alemán, vieran la luz los primeros largometrajes importantes del género: *El Golem* (1920), *El gabinete del doctor Caligari* (1920), *La carreta fantasma* (1921), o *Nosferatu* (1922).

Con la llegada del cine sonoro, Hollywood se transformó en la nueva cuna de la industria cinematográfica. Uno de los grandes estudios que emergió durante el cine mudo fue Universal Pictures, que en los años treinta inició una edad dorada del cine fantástico con una serie de películas inolvidables que adaptaban clásicos de la literatura fantástica, entre ellos *Drácula* (1931), *El doctor Frankenstein* (1931), *La momia* (1932) o *La novia de Frankenstein* (1935). Durante los años cuarenta sobresalió el productor Val Lewton, que con *La mujer pantera* (1942), *Yo anduve con un zombie* (1943) o *El ladrón de cadáveres* (1945) entró en el olimpo cinematográfico con películas baratas pero llenas de imaginación.

El terror volvió a florecer en el Viejo Continente durante la década de los cincuenta gracias a la productora británica Hammer Productions. Sus largometrajes modernizaron la figura del monstruo clásico añadiéndole sangre y erotismo (*Drácula*, 1958), además de renovar la aparición de otras criaturas que pronto se verían hasta en la sopa, como los muertos vivientes (*La plaga de los zombis*, 1966), o las brujas (*Las brujas*, 1966).

LOCURA EXPRESIONISTA

EL GABINETE DEL DOCTOR CALIGARI

Das Cabinet des Dr. Caligari. 1920. Alemania. Director: Robert Wiene. Reparto: Werner Krauss, Conrad Veidt, Friedrich Feher. Género: Terror. Expresionismo alemán. Cine mudo. Duración: 77 min.

¿ARTE DEGENERADO?

A la llegada de una feria al pueblo de Holstenwall, Francis y Alan deciden visitar un misterioso espectáculo en el que un tal doctor Caligari controla a un sonámbulo de nombre Cesare, que parece capaz de adivinar el pasado y el futuro de una persona. Alan se atreve a preguntar cuánto tiempo vivirá, y Cesare le responde que solo hasta el amanecer. Esa noche, Alan es asesinado y, a partir de entonces, Francis se ve inmerso en una pesadilla de inesperadas consecuencias.

El gabinete del doctor Caligari es, aparte de una obra maestra, la piedra fundacional del cine de terror y máximo exponente del expresionismo alemán. ¿Y qué es esto último? Pues el expresionismo fue un movimiento cultural nacido en Alemania a comienzos del siglo XX —aunque hubo algún precedente como *El grito*, de Edvard Munch—, y que, por oposición al impresionismo, buscaba un acercamiento subjetivo de la realidad o, lo que es lo mismo, la visión interior del artista. Los autores germanos de aquella época vivían en un continuo escepticismo, en un principio provocado por los tambores de guerra que anunciaban la Primera Guerra Mundial, después por el mismo conflicto, y finalmente por el periodo de entreguerras; dicha desesperanza se reflejaba en sus obras —ya fuesen pictóricas, literarias, cinematográficas...—, en las que el mundo era deformado por la angustia, el miedo o la locu-

ra. Si buscas cualquier cuadro de James Ensor o Ernst Ludwig Kirchner comprobarás que son dos buenos ejemplos de expresionismo, y de paso te deleitarás con unas magníficas estampas macabras. El movimiento decayó después de la Segunda Guerra Mundial, aunque sobrevivió a los nazis, que lo tildaban como «arte degenerado».

PESADILLA CIRCULAR

Una vez acabada la Gran Guerra, la corriente expresionista comienza a trasladarse al cine y el teatro. Entre el pesimismo generalizado, dos pacifistas llamados Hans Janowitz y Carl Mayer escriben —inspirados en un espectáculo que habían presenciado en una feria— el guion de *El gabinete del doctor Caligari*, donde plasman su rechazo al autoritarismo imperante en el ejército alemán; ninguno de los que posteriormente participaron en la producción de la película podía imaginar que pocos años más tarde su obra se convertiría en una perfecta metáfora del ascenso del nazismo: el manipulador y brutal doctor Caligari sería el alter ego de Hitler, y el durmiente Cesare representaría a ese soldado medio alemán que, subyugado, está dispuesto a morir por una causa vacía.

Dirigida por Robert Wiene, la película es una de las experiencias más perturbadoras que te puedas echar encima. Destacan sus maravillosos decorados pintados y construcciones imposibles, creados por Hermann Warm, un pionero en arquitectura cinematográfica que —junto a otros diseñadores y pintores—, proporcionó a la cinta de un aura lúgubre e irreal (por este motivo, hay historiadores que defienden la idea de que *El gabinete del doctor Caligari* es la única película cien por cien expresionista). A esto hay que sumarle la hábil dirección de Wiene, un fúnebre maquillaje y las exageradas interpretaciones del reparto,

que adentran al espectador en una perpetua sensación de intranquilidad, una impresión que dura hasta el último fotograma. La historia, narrada por el protagonista a modo de cuento, funciona como una pesadilla circular —pues podría empezar como termina, y al revés— y **su inesperado giro final la convierte en el primer thriller de la historia del cine.**

CESARE ATACA

Hay dos escenas icónicas que perduran frescas como un zombi de visita en una clínica de adelgazamiento: la primera se produce cuando el doctor Caligari presenta en sociedad a Cesare. Caligari se encuentra subido en el escenario, junto a un ataúd cerrado; al abrirlo, vemos la figura delgada de Cesare, un hombre alto, vestido de negro y de aspecto mortecino. La pérfida mirada de Caligari a su acompañante incita a pensar que hay algo maligno en aquel espectáculo. Entonces Cesare abre los ojos, nos mira. Su expresión, sin vida, y su forma de moverse es similar a la de un autómata, es algo de otro mundo que, por si fuera poca su presencia, cuando habla es para vaticinar la muerte de uno de los espectadores.

La escena, como el resto del filme, tiene un aire teatral, pero el decorado y el histrionismo de los actores conforman un tono fantasmagórico que se acrecienta con la aparición de Cesare. En una película netamente plagada de oscuridad y sombras, se utiliza la iluminación para avivar contrastes emocionales en los personajes y distorsiones en los decorados. En el primer plano en el que se muestra al autómata, su rostro se encuentra iluminado, lo que provoca un inquietante resplandor sobre su tez maquillada, y realza el contraste entre la palidez de sus pómulos y sus ojos pintados de negro. Todo con la intención de producir una sensación de irrealidad, de quizá hacernos pensar que estamos ante una representación de la muerte.

En otra secuencia inolvidable —y claro ejemplo de lo referido anteriormente—, Cesare entra por una ventana en la habitación de Jane, la prometida de Francis; la muchacha yace dormida en un lecho blanco, virginal, mientras Cesare camina hacia ella con lentitud, implacable, rodeado de un decorado lleno de angulosas formas afiladas. Dispuesto a matarla, Cesare levanta un cuchillo sobre su cabeza, pero al contemplar a la chica, decide dejarla con vida y, en lo que parece un arrebato de lujuria, la agarra y huye con ella en brazos a través de los tejados del pueblo. Solo el deseo por la joven parece haberle devuelto algo de humanidad a Cesare; así que, cuando las autoridades lo persiguen y se

ve obligado a soltar a Jane, el monstruo se detiene y muere. La secuencia completa, bellísima y a la vez espeluznante, recuerda a varias narraciones fantásticas, como el cuento de hadas de «La Bella y la Bestia», o al orangután que entraba por la ventana en el relato de «El fantasma de la calle Morgue», de Poe, y su influencia se puede observar en películas como *King Kong* (1933), o *La noche del cazador* (1955).

DESAMOR MONSTRUOSO

LA NOVIA DE FRANKENSTEIN

The Bride of Frankenstein. 1935. Estados Unidos. Basada en el libro de Mary Shelley. Director: James Whale. Reparto: Boris Karloff, Colin Clive, Elsa Lanchester. Género: Terror. Ciencia ficción. Monstruos. Duración: 75 min.

EL PADRINO II DEL MIEDO

Tras el incendio del molino en la última secuencia de *El doctor Frankenstein* (1931), los lugareños dan por muerta a la creación del doctor, pero el monstruo sigue vivo y consigue escapar de sus agresores. Mientras, Frankenstein recibe la visita de uno de sus profesores de universidad, el doctor Pretorius, que le propone seguir con los experimentos y crear un ser femenino que haga compañía a la solitaria criatura. Como Frankenstein se niega, Pretorius manda secuestrar a la prometida del doctor para hacerle chantaje y así culminar su infame proyecto.

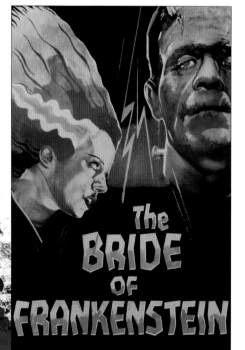

Quizá *La novia de Frankenstein* sea la madre de todas las películas de monstruos producidas por Universal durante su época de mayor esplendor. Fueron tiempos en los que Boris Karloff, Bela Lugosi y Lon Chaney eran los reyes del género, y donde prestigiosos directores procedentes de Europa pagaban su peaje para rodar historias más personales. Uno de ellos fue el inglés James Whale, que después de adaptar el libro de Mary Shelley y realizar el *Hombre invisible* (1933), pretendía dejar el terror de lado para embarcarse en producciones de su gusto. Pero como no siempre uno tiene lo que desea, su siguiente trabajo fue ponerse a la cabeza de esta continuación, en la que, al menos, tuvo mayor libertad creativa que en su antecesora, algo que se nota en el sobresaliente resultado final. Por extraño que parezca, Whale no volvió a

disfrutar de tal libertad fuera de Universal; era de los que no se mordían la lengua, y eso siempre incomodó a los productores.

UN GENIO INSPIRADO

La novia de Frankenstein es la película de un genio inspirado; se trata de un filme inteligente, entretenido, que te hace reflexionar —sin sermones—, sobre temas como la lucha del bien contra el mal, la incomunicación o los límites de la ciencia. La puesta en escena de Whale es de carácter expresionista; saca partido a las luces y las sombras, y crea escenarios tan originales como ese laboratorio diabólico del que salen humanoides que no han pasado la ITV. Otro punto fuerte son sus personajes principales. El doctor Frankenstein dista de ser el prototipo de héroe que se llevaba en Hollywood. Es un personaje ambiguo, que antepone su curiosidad científica a la ética profesional; por mucho que al final elija salvar a la chica, siempre nos queda la duda de cómo actuará en una próxima ocasión. En el otro lado del ring, el monstruo no es alguien malvado de nacimiento, sino más bien un niño atrapado en el cuerpo de un gigante. Los matices interpretativos de los que hace gala Boris Karloff están al alcance de muy pocos, aunque al actor no le gustó que Whale le diera el —breve— don de la palabra. Su Frankenstein es inmortal y atemporal, tal y como lo describió Mary Shelley.

CITA A CIEGAS ELECTRIZANTE

La escena del monstruo y la niña junto al río de *El doctor Frankenstein* aún corta la respiración, y sin duda es uno de los instantes más recordados de la historia del cine. El gran momento de *La novia de Frankenstein* acaece durante el desenlace, cuando la novia del monstruo despierta a la vida. Una vez quitan el vendaje a la criatura, la novia, interpretada por Elsa Lanchester, se deja ver en todo su esplendor: asustadiza como un ciervo, vestida de blanco y luciendo un peculiar bloque de pelo cardado. En ese instante, el doctor Pretorius la nombra como «la novia de Frankenstein», en una secuencia que se rodó

como si el espectador asistiese al anuncio de una boda. A continuación llega el monstruoso prometido, esperanzado por encontrar a su media naranja, pero la novia grita y huye de la criatura, amparándose en el doctor Frankenstein. El monstruo insiste y la acaricia, pero al momento comprende que ella, como todos los humanos, también le teme, y dice: «Como los otros». El monstruo, frustrado, vuela por los aires la torre donde se encuentran, y solo el doctor Frankenstein y su prometida consiguen ponerse a salvo.

A través de la puesta en escena, los gestos de los personajes y los detalles, James Whale da toda una lección de cómo mostrar el deseo y el desamor en una película. La incontestable presencia de Karloff es ensombrecida, durante unos instantes, por una rutilante Elsa Lanchester. Es curioso que, a pesar de convertirse en una de las imágenes de Universal, la novia solo saliese en pantalla tres minutos, en su caso tiempo suficiente para pasar a la eternidad. Elsa Lanchester pasaba por sesiones de tres horas de maquillaje para transformarse en la criatura —cuyo aspecto estaba inspirado en la reina Nefertiti—, y tuvo que ponerse unos zancos para competir con la altura de dos metros de Karloff, pues ella medía poco más de metro sesenta. Como su personaje no podía hablar, la actriz buscó algo que le sirviera para comunicarse a través de mímicas o sonidos, y lo encontró al observar a unos cisnes mientras paseaba por un parque de Londres. En el filme trató de imitar los movimientos de las aves, e incluso soltó algo parecido a un graznido cuando vio al monstruo por primera vez. Pese al éxito de su peculiar método, Elsa no tuvo buenas palabras para los cisnes: «Son unos bichos de lo más desagradables».

¿Sabías qué...?

Dos curiosidades sobre el personaje de la novia y Elsa Lanchester. Tanto en los títulos de crédito del inicio como en los finales, se puede ver un símbolo de interrogación donde debía figurar el nombre de la actriz, lo que dejaba al público sin saber quién estaba bajo las ondas de pelo eléctrico. Sin embargo, su nombre sí aparecía en los títulos, porque Elsa hizo un doble papel, y tuvo el honor de dar vida a la escritora Mary Shelley en la introducción de la película.

EL ARTE DE LO REAL

LA PARADA DE LOS MONSTRUOS

Freaks. 1932. Estados Unidos. Director: Tod Browning. Reparto: Wallace Ford, Leila Hyams, Olga Blacanova. Género: Terror. Circo. Duración: 62 min.

RECORTANDO LA POLÉMICA

En un circo ambulante repleto de artistas con malformaciones vive Hans, un hombre con enanismo que acaba de heredar una fortuna. Todos se alegran por la noticia de su compañero, excepto Cleopatra —una desalmada trapecista— y su amante Hércules, que intentarán engañarle y liquidarlo para quedarse con el dinero. Hans, perdidamente enamorado de la acróbata, caerá en sus redes a pesar de conocer el peligro.

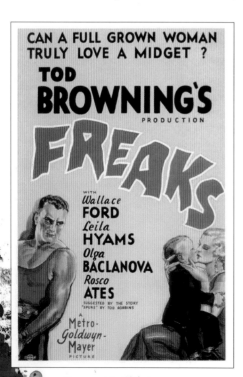

Obra cumbre de Tod Browning, que tiene en su haber no pocas extraordinarias películas (*Drácula*, *Garras humanas*, *Muñecos infernales*). Producida por Metro-Goldwyn-Mayer, *La parada de los monstruos* generó bastante polémica en su día, pues el director eligió un reparto de artistas de circo reales con todo tipo de deformidades: hay dos gemelas unidas por la espalda, un hombre torso, otro al que le falta la mitad inferior del cuerpo, etc. No fue suficiente que se estrenase durante el periodo pre-Code —antes de que entrase en vigor el código Hays, un sistema censor sumamente restrictivo—, los productores consideraron que muchas de sus imágenes eran duras, escandalosas, y su metraje se redujo de 90 a 62 minutos. Por desgracia, ni el recorte de varias escenas la salvó del fracaso absoluto en taquilla, recibiendo furibundas críticas que obligaron a la Metro a retirar la película de las salas. En Europa se prohibió en varios países, y hasta dos décadas más tarde no empezó a ser reconocida como la cinta de culto que es.

EL MIEDO AL DIFERENTE

El título de la película remite a un momento de la historia donde la cruel Cleopatra llama a sus compañeros «Freaks» (monstruos). En realidad, el argumento muestra a las claras que, independientemente del aspecto exterior de cada ser humano, los que se comportan como verdaderos monstruos son aquellos que guardan la maldad en su interior. También *La parada de los monstruos* resulta una denuncia contundente sobre el rechazo al diferente —ese misma repulsión que sintieron sus potenciales espectadores—, y destila una humanidad que sigue emocionando e inquietando. Además, vista hoy, sigue sorprendiendo por las comentadas malformaciones de algunos de estos fenómenos, y por la manera tan natural que Browning nos muestra su día a día, con mucha valentía, sensibilidad y sentido del humor. El director había trabajado de joven en ferias y circos ambulantes, de hecho, uno de sus amigos era Harry Earles, que interpretó a Hans en la película y que fue quien le dio la idea para el filme, después de aconsejarle que se leyera un cuento de Tod Robbins titulado «Espuelas», y que trataba, como no, de una venganza. La experiencia con gente de circo ayudó a Browning a manejar al variopinto grupo de fenómenos, que durante el rodaje se comportaron como maniáticas y caprichosas estrellas de Hollywood.

VENGANZA BAJO LA LLUVIA

La parada de los monstruos no es la típica producción de terror que se llevaba en los años treinta. Durante la mayor parte de su duración es un drama con intriga, en el que Browning no esconde sus cartas: «Viven una existencia poco natural —explica el director— por lo que tienen entre ellos un código de ética para protegerse de la gente normal. Se aferran rígidamente a esas reglas. Herir a uno es herirlos a todos; la alegría de uno es la alegría de todos». Dicho código no escrito entra en vigor cuando Hércules se dispone a matar al novio

de una de las artistas que ha descubierto sus planes. Armados hasta los dientes y en medio de una tormenta, los fenómenos se arrastran por el barro a la caza de un Hércules herido, que intenta huir por debajo de una carreta. Cleopatra, que pretende escapar por el bosque, escucha el grito de su amante al ser atrapado, y contempla como sus hasta ahora compañeros avanzan implacables hacia ella. Más tarde sabremos que la trapecista ha sufrido un destino peor que la muerte: fue mutilada y transformada en otro «freak».

Toda la secuencia respira un realismo y una claridad que asombra. Sobrecoge contemplar a los fenómenos moviéndose por el barro en pos de su víctima bajo el terrible aguacero; es un instante de pesadilla imposible de olvidar para el espectador, el momento en el que los «monstruos» se muestran por dentro y por fuera. En dos minutos, el drama social deriva en una de las películas de terror más extrañas y conmovedoras jamás creadas.

El final, con la imagen de la acróbata deformada, era tan impactante que la productora impuso al director el epílogo que se puede ver en las versiones de DVD o Blu-ray, en el que un millonario Hans se arrepiente de sus actos y Frieda le consuela.

¿Sabías qué...?

En una secuencia eliminada —después de la aparición de Cleopatra transformada en monstruo— aparecía Hércules el forzudo cantando con voz de niño, lo que daba a entender que los fenómenos se habían vengado de él castrándolo. Este final se perdió, y se conjetura que pudo estar en la copia estrenada para salas comerciales en Estados Unidos. En España, la película no se estrenó en cines hasta 1997, aunque hubo proyecciones en festivales mucho antes, en los años setenta.

LA ERÓTICA DE LA SANGRE

DRÁCULA

Horror of Dracula. 1958. Reino Unido. Basada en el libro de Bram Stoker. Director: Terence Fisher. Reparto: Christopher Lee, Peter Cushing, Michael Gough. Género: Terror. Vampiros. Duración: 82 min.

COLMILLOS DE MODA

Jonathan Harker es un cazavampiros que, bajo falsos pretextos, entra en el castillo de Drácula con la intención de acabar con el reinado de terror del no muerto. Pero Drácula lo descubre, le convierte en vampiro, y decide tomar venganza contra sus allegados, por lo que viaja de los Cárpatos a Inglaterra para transformar a Lucy —la prometida de Harker— en una criatura de la noche. El vampiro desconoce que un amigo de Harker, el doctor Van Helsing, le sigue la pista para destruirlo.

Para unos cuantos, servidor incluido —y sin ser la adaptación más fiel de la novela—, no solo es la mejor película rodada sobre el conde inmortal, sino también el mejor Drácula visto en una pantalla de cine. **Drácula popularizó los afilados colmillos de los vampiros, hizo uso de la sangre de manera gráfica y fue pionera en relacionar el erotismo con la figura del vampiro.** Parte del mérito se debe a su director, Terence Fisher, pero también a las interpretaciones de unos sublimes Christopher Lee y Peter Cushing. Mientras Lee es un Drácula imponente, fiero e implacable, Cushing supone la imagen de la determinación, la perspicacia y el honor.

LA CASA DEL MARTILLO

La legendaria Hammer Productions nació en los años cuarenta, y se especializó en terror a partir *La maldición de Frankenstein* (1956), donde se pudieron ver juntos por primera vez a Terence

Fisher y a la dupla de actores formada por Lee y Cushing. La película fue un éxito, y los tres repetirían dos años más tarde con *Drácula*, cuya repercusión fue todavía mayor, convirtiendo a la compañía del martillo en la productora de cine con más beneficios de Reino Unido.

Nadie mejor que Christopher Lee puede explicar porqué Drácula todavía nos atrae tanto: «El rey de los vampiros sigue siendo misterioso. Lo que en él se sugiere de humano es tan potente como lo que se sugiere de metafísico o demoníaco. El espanto, que en Drácula adquiere una consistencia física, sigue siendo para nosotros lo bastante insondable como para que nos sensibilice respecto a lo oculto. Es esta ambivalencia: hombre-demonio, lo que mantiene todavía la potencia del personaje de Bram Stoker, discípulo de Poe, aún en tiempos de ordenadores».

Otro punto fuerte del filme fue el acertado guion de Jimmy Sangster, que tuvo que alejarse del material original debido a un conflicto de intereses con la productora Universal, que tenía los derechos de la adaptación teatral de la novela. La historia va directa al grano —o a la yugular— y ofrece numerosas secuencias memorables, violencia, mujeres voluptuosas —otra constante en la productora—, y una tensión latente que atraviesa todo su metraje y estalla en uno de los finales más aplaudidos de la historia del género.

DE AQUÍ NO SALES

En el último tercio de la película, Van Helsing consigue dar con la guarida de Drácula, y este se ve obligado a escapar y regresar a su castillo. El cazavampiros le sigue hasta la tétrica morada, y sorprende al chupasangre en una de las salas, intentando escapar a través de una trampilla. Drácula, enfurecido, le arroja un candelabro y se abalanza sobre él. Tras un intenso forcejeo, el vampiro estrangula a su opositor y lo da por muerto, pero Van Helsing

despierta y se lo quita de encima. El doctor mira a su alrededor en busca de algo con lo que defenderse: de un ágil impulso se sube encima de una larga mesa, corre hacia uno de sus extremos y salta sobre las gruesas cortinas que ocultan los ventanales. Un foco de luz diurna atraviesa el salón; el vampiro se echa hacia atrás para esquivar los que para él son mortales rayos de sol, pero una de sus piernas queda dentro del rastro iluminado y se retuerce de dolor mientras su tobillo se desintegra. Van Helsing coge a la carrera dos candelabros y, colocándolos en forma de cruz, los pone delante del rostro de Drácula, obligándole a retroceder, a entrar en el haz solar. Una de las manos del conde se descompone, y después su cuerpo cae sobre el suelo cubierto por la luz matutina. Su cara se va corrompiendo hasta no ser más que un puñado de polvo cubriendo un traje negro. El único rastro que subsiste de Drácula es su anillo dorado.

Una gran secuencia no tiene por qué partir de una minuciosa planificación. Si bien ahora parece complicado saltarse el plan de rodaje, siempre han existido directores que han dejado cierto margen para la improvisación (que se lo pregunten a Ridley Scott en el clímax de *Blade Runner*). En el caso de *Drácula* hubo cierta espontaneidad —quizá algo forzada— pues la última secuencia coincidió con el último día de rodaje, que lo era porque se les había acabado el presupuesto. Así que cualquier idea era bien acogida. A Peter Cushing le apasionaban las películas de aventuras de Douglas Fairbanks —un actor muy famoso del cine mudo experto en escenas de acción—, por lo que propuso que el combate final fuera muy dinámico, y pensó que podía subirse a la mesa y arrojarse sobre los cortinajes del salón. Visto el genial resultado, fue un tremendo acierto por parte del actor

inglés, al que colaboró la maestría del director, colocando la cámara en el sitio oportuno para hacernos sentir que luchamos al lado de Van Helsing.

La escena culmina con la sobrecogedora desintegración del rostro de Drácula. Para lograr tal efecto, Christopher Lee fue recubierto con dos capas de maquillaje: una color carne y otra de cera de las que se usan para pompas fúnebres, y cuyo color le devolvía el aspecto natural a su cara. El efecto de descomposición lo creaba el mismo actor cuando, agonizante, se pasaba las manos por el rostro y retiraba la cera.

¿Sabías qué...?

Al contrario de lo que se suele pensar, *Drácula* no fue la primera película donde un vampiro mostraba sus afilados colmillos. Ese honor recae en *Drácula en Estambul*, producción turca rodada en 1953 en la que el chupasangre tiene un par de colmillos curvos. El segundo Drácula con colmillos fue mexicano, y pertenecía al filme *El vampiro* (1957), del director Fernando Méndez.

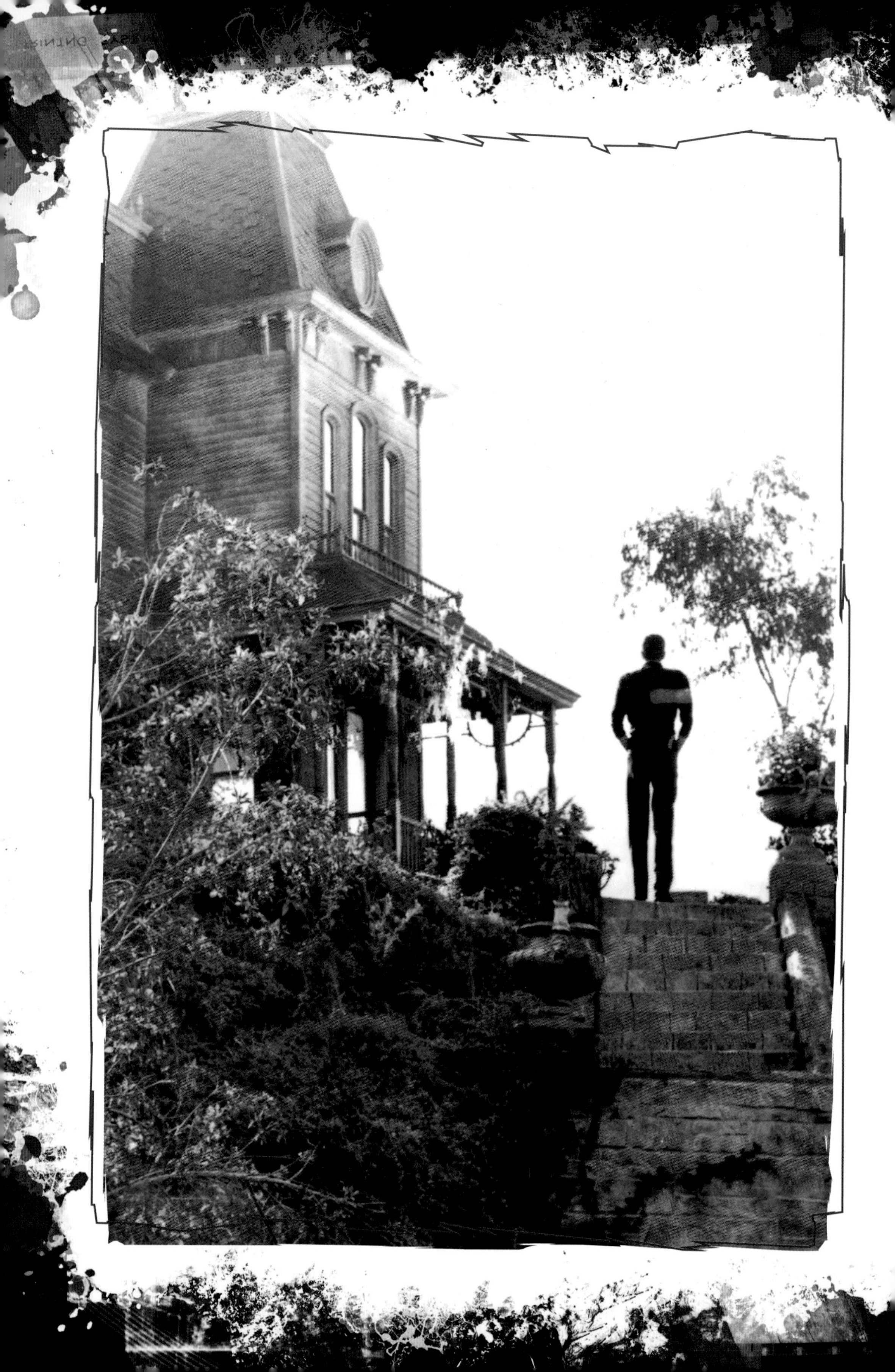

DÉCADA
DE LOS SESENTA

A finales de los años cincuenta, y como si del reflejo de un mundo en plena guerra fría se tratara, de las salas de cine estadounidenses colgaban carteles de películas atípicas, crudas o retorcidas: *Testigo de cargo* (1957), o *De repente, el último verano* (1959), rompían los esquemas de la narrativa clásica, y parecían anunciar el estreno de *Psicosis* (1960), la obra que transformó la forma de ver y hacer películas, dando paso al llamado cine moderno o posmoderno. Ese mismo año, el mítico productor y director Roger Corman adaptaba a Edgar Allan Poe en *La caída de la casa Usher* (1960), primera de una serie de geniales cintas de bajo presupuesto basadas en relatos del maestro del terror.

Mientras Hammer Productions se asentaba como referente del género de la mano de Terence Fisher (*Drácula, el príncipe de las tinieblas*, 1966) o Roy Ward Baker (*¿Qué sucedió entonces?*, 1967), el padre del cine gore, Herschell Gordon Lewis, hizo sus pinitos con títulos tan llamativos como *Blood Feast* (1963) o *2000 maniacos* (1964). Al final de la década se estrenaron *La semilla del diablo* (1968), y *La noche de los muertos vivientes* (1968), dos cintas capitales para entender los siguientes años terroríficos. De Asia nos llegaron, entre otras, dos joyas esenciales del cine fantástico: *Onibaba* (1964) y *El más allá* (1964), y no menos importante fue el cine rodado en Europa du-

rante ese periodo, con la excelsa *Suspense* (1961), el nacimiento del *giallo* (*Seis mujeres para el asesino*, 1964) a cargo del irrepetible Mario Bava, y la irrupción cinematográfica de Narciso Ibañez Serrador con la sensacional *La residencia* (1969).

LA DUCHA QUE CAMBIÓ EL CINE

PSICOSIS

Psycho. 1960. Estados Unidos. Basado en la novela de Robert Bloch. Director: Alfred Hitchcock. Reparto: Anthony Perkins, Janet Leigh, Vera Miles. Género: Terror. Asesinos en serie. Duración: 109 min.

VIOLADOS

Marion Crane, una secretaria sin futuro, decide robar una cantidad de dinero considerable a su empresa y huir de la ciudad. Tras horas conduciendo, se detiene en un motel de carretera y conoce a su dueño, un chico introvertido y extraño llamado Norman Bates. A pesar de la amabilidad del joven, Marion empieza a pensar que no solo se ha equivocado al sustraer el dinero, sino también a la hora de elegir un lugar donde dormir.

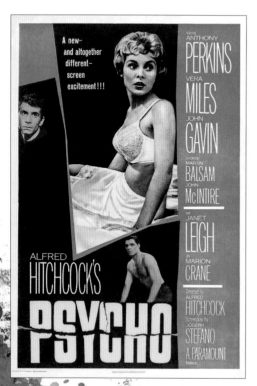

Psicosis colocó a los espectadores a escasos centímetros del miedo y la muerte; nos convirtió en mirones, en víctimas, y no fueron pocos los que coincidieron con el sentir del director de cine Peter Bogdanovich: «Cuando salí del cine me sentí violado». El paso de las décadas no le ha quitado un ápice de fuerza a este maravilloso trampantojo. Con la película que el propio Hitchcock llegó a denominar como «una broma», el mago del suspense cambió la historia del cine.

LO NUNCA VISTO

Corría el año 1959, Hitchcock terminaba el rodaje de *Con la muerte en los talones* cuando oyó hablar sobre un libro titulado *Psicosis*, obra de Robert Bloch. Lo compró y, una vez leído, llamó a su asistente personal para anunciarle que ya tenían un nuevo proyecto. El director daba un volantazo a su carrera y se inclinaba por una película de terror de bajo presupuesto rodada en blanco y negro. La crítica especializada se

preguntó si se había vuelto loco. Para adaptar el libro, contrató a Joseph Stefano, un joven guionista conocedor del género fantástico pero sin demasiada experiencia. Stefano comentó al director que pretendía realizar varios cambios con respecto a la novela, pero solo uno de ellos le sirvió para convencer a Hitchcock de que él era la persona adecuada: centraría la historia en Marion (Janet Leigh), pero la mataría casi a la mitad de la película. En ese momento el realizador dijo: «Podríamos darle el papel a una estrella», y así supo Stefano que tenía el trabajo: «Le gustaba el hecho de que la historia fuera sobre ella —comenta Stefano—, y de repente, le haríamos algo terrible y la película pasaría a tratar sobre él (Norman)». Esta genial ocurrencia rompió con la forma clásica de contar historias en el séptimo arte. Si la supuesta protagonista muere a mitad del filme, todo puede pasar a continuación. Y en el caso de *Psicosis*, así sucedió.

LA DUCHA

Después de una inquietante charla con Norman, Marion está dispuesta a regresar a casa y devolver el dinero. Antes de ir a dormir decide tomar una ducha, y cuando siente el agua en la cara sonríe como si se hubiera quitado un peso de encima. A su espalda tiene la cortina y, a través de ella, vemos que la puerta del cuarto de baño se abre. Marion sigue bañándose, ajena a la figura que se aproxima. Una mano retira bruscamente la cortina y surge la sombra de lo que parece una mujer empuñando un cuchillo. Marion grita, y la figura la apuñala sin piedad en reiteradas ocasiones. La joven intenta defenderse, pero es inútil; finalmente la sombra se marcha, y la chica cae sobre los azulejos

del cuarto de baño arrastrando con ella la cortina. Una de sus mejillas queda sobre el suelo, y sus ojos miran al infinito mientras se escucha el implacable repiqueteo del agua sobre la bañera.

En la novela, el asesinato en la ducha es contado en pocas líneas, y la víctima —En el libro se llama Mary— es decapitada sin contemplaciones. Hitchcock jamás pensó en hacer algo semejante, sobre todo porque aquella escena era la que le había impulsado a rodar el filme. En ella quería homenajear a Cecil B. DeMille y *Los diez mandamientos* (1923) —en una secuencia en la que también hay una cortina de por medio—, y tenía en mente cómo la quería planificar. Encargó a Saul Bass —mítico diseñador de títulos de crédito— un *story-board* para que, gracias a los dibujos, él pudiera imaginar el aspecto del montaje y los cortes que necesitaría. Aunque Hitchcock se saltó algunos diseños del guion gráfico, el resultado se acercó mucho a lo creado por Bass (en su momento se llegó a decir que fue Bass quien dirigió la secuencia). Hitchcock tardó siete días en grabar 45 segundos, justo lo que

dura el asesinato de Marion. Dentro de ese tiempo, usó 78 posiciones de cámara, dentro de las cuales hizo 52 cortes. Un montaje frenético que recuerda al cine ruso mudo, y que hace que el espectador se sienta apabullado e indefenso: «La concepción de la escena es tan brillante —explica Janet Leigh—, porque el señor Hitchcock nos trae hasta este punto, y a partir de ahí todo gira en torno a lo que crees que viste y no lo que viste. Hizo eso con su cámara, con el montaje». Cuando se estrenó la película nadie estaba preparado para contemplar un cuerpo desnudo de mu-

jer —aunque realmente no se viera nada— masacrado en una serie de primeros planos angustiosos. Para que la expectación alrededor de la muerte de Marion fuese máxima, se prohibió entrar a las salas con la película empezada y, naturalmente, se pidió a los espectadores que no destriparan su argumento a familiares y conocidos.

EL TOQUE FINAL

Janet Leigh hizo un meritorio trabajo pese a lo complejidad de la escena; no se amedrentó ante un set lleno de hombres, pero Hitchcock tenía miedo de que su lenguaje corporal le restase naturalidad a la secuencia, y utilizó a una doble de cuerpo para que rodara los planos más complicados. Con todo, Leigh no superó el impacto de aquel rodaje: «**Dejé de ducharme. Y cuando lo hago, me aseguro de que las puertas y ventanas de la casa estén cerradas.** También dejo la puerta del baño y las cortinas abiertas. Siempre estoy mirando hacia la puerta, observando, sin importar dónde esté la ducha».

La secuencia ya estaba rodada y lista para montar, pero quedaba el toque final: la música. El compositor Bernard Herrmann había creado una banda sonora de cuerdas magistral, que alcanza su punto

culminante en la secuencia de la ducha. Cada golpe de violín es una puñalada, y el ritmo de su partitura se acompasa a los últimos latidos del corazón de Marion. Sin la música de Herrmann, probablemente esta escena no se consideraría como una de las más reconocibles del celuloide.

SLASHER DE PURA CEPA

Psicosis da para mucho, es una de las películas con más ensayos, libros, tesis... La mayor parte de sus secuencias son dignas de estudio: el espectacular descubrimiento del cadáver de la madre de Norman Bates, el asesinato del detective o cada plano en el que aparece Anthony Perkins, que da una clase maestra de cómo ser sutil. El actor —que nunca pudo abandonar la sombra de Bates— volvería a encarnar el personaje en tres ocasiones, siempre con mucha dignidad a pesar de los desiguales resultados; puede que las secuelas estuviesen lejos de la original, pero enriquecieron el pasado de Bates y no son nada desdeñables para el fan del terror, y el del *slasher* en particular (ya sabes, un psicópata que mata a jóvenes y adolescentes, casi siempre ocultando el rostro). Dejando de lado la polémica que generó en su día, el filme de Hitchcock fue un éxito de taquilla —el mayor de su director—, y todavía hoy sigue generando ingresos, sumando nuevos fans que, hechizados por esa voz autoritaria y cascada proveniente de una de las ventanas del motel, se preguntan cuándo hará acto de aparición la psicótica madre de Norman Bates, con su afilado cuchillo.

¿Sabías qué...?

Hitchcock quería mantener las sorpresas del guion fuera del alcance de periodistas y curiosos, pues cualquier filtración sobre la identidad del asesino hubiera supuesto un desastre. Para que nadie supiera que, en realidad, nadie interpretaba a la madre de Norman, hizo correr el rumor de que se había realizado un *casting* para el personaje, e incluso llegó a fotografiarse sentado en una silla que supuestamente pertenecía a la actriz que interpretaba a Norma Bates.

MIEDO INVISIBLE

THE HAUNTING: LA MANSIÓN ENCANTADA

`The Haunting.` 1963. Reino Unido. Dirección: Robert Wise. Basada en la novela de Shirley Jackson. Reparto: Julie Harris, Claire Bloom, Richard Johnson. Género: Terror. Casas encantadas. Duración: 107 min.

LA CASA DE LA COLINA

El doctor Markway es un científico que reúne a un grupo de personas con diferentes habilidades psíquicas para adentrarse en Hill House, una supuesta mansión encantada donde varios de sus inquilinos murieron bajo circunstancias no esclarecidas. En el equipo de investigación se encuentra la introvertida Eleanor, que no tarda en sentir varias presencias a su alrededor, almas en pena que parecen requerir de su ayuda para luchar contra un ente demoníaco que habita en el interior de la casa.

Con permiso de *La leyenda de la mansión del infierno* (1973), *Al final de la escalera* (1980) o *Poltergeist* (1982), *The Haunting* es la mejor película de casas encantadas jamás rodada. Fue dirigida por Robert Wise, genial director con títulos a sus espaldas como *West Side Story* (1961) o *Sonrisas y lágrimas* (1965). Precisamente, fue mientras concluía de rodar *West Side Story* cuando Wise leyó *La casa encantada* (*The Haunting of Hill House*, 1959), de la indispensable Shirley Jackson; le entusiasmó tanto la novela que solicitó una entrevista con la autora para hablar sobre una posible adaptación. Ella accedió y sugirió el título de *The Haunting*. Por cierto, hay que ser muy valiente y tener mucha personalidad para, después de realizar uno de los más grandes musicales de Hollywood y ganarte el respeto de

toda la industria, embarcarte en una cinta de terror. Pero Wise lo hizo, y nos legó una obra maestra del miedo, donde todo se sugiere y no se sabe si lo que Eleanor ve es real o fruto de su imaginación. ¿Te atreves a traspasar la pesada verja de Hill House?

SALTAMONTES SOÑADORES

La novela da comienzo así: «Ningún organismo viviente puede subsistir mucho tiempo sin volverse loco, en un estado de conciencia absoluta; algunos suponen que incluso las alondras y los saltamontes sueñan». Es una frase esencial para comprender tanto el libro como la película, que plantean —entre otras cuestiones—, la pregunta de si Eleanor, una chica que ha malvivido con su madre hasta su muerte, se está volviendo loca o si está siendo una víctima más de la maldición de Hill House.

Por cuestiones de presupuesto, la película se rodó en Inglaterra. Los exteriores se grabaron en Ettington Park —una mansión señorial que precisamente tenía fama de estar encantada—, y las secuencias interiores en un estudio de Metro Goldwyn-Mayer. Con la intención de crear una atmósfera opresiva que reflejase un estado mental alterado, se construyeron una serie de recargados decorados góticos que albergaban lóbregos pasillos, raros símbolos y multitud de inquietantes estatuas de bebés y animales. Tampoco fue aleatorio el que *The Haunting* fuese rodada en blanco y negro; **el director tenía claro cuál era su propósito: infundir miedo a partir de sonidos, luces y sombras**, obligando a que la imaginación del público rellenase los huecos que faltaban.

PAREDES QUE HABLAN

El guion cinematográfico borró de un plumazo algunos personajes y redujo a cero los pasajes que transcurrían lejos de Hill House; de ese modo, los espectadores se hallan en las mismas condiciones que los protagonistas, atrapados dentro de la casa, sin posibilidad de tomar un poco el aire. Del puñado de espeluznantes secuencias que reptan sobre las alfombras de Hill House, las más perturbadora está protagonizada, como no, por Eleanor, magníficamente interpretada por Julie Harris.

Tras llevar varios días pernoctando en la mansión, Eleanor ha sido testigo de varios sucesos inexplicables. Además, sus compañeros la irritan, y no le hacen mucho caso, ni siquiera Theodore, con la que al principio parecía compartir un vínculo de amistad. Una noche, Eleanor discute con Theodore y se acuesta disgustada. Cuando apaga la luz, vemos la fachada de Hill House, un monolito negro recortado en el cielo, y después volvemos con Eleanor que, rodeada de penumbra, observa la pared del cuarto. Como si fuéramos los ojos de la mujer, contemplamos el papel pintado de la pared, un papel con diseños de hojas en relieve. De detrás del papel surge una voz masculina que parece estar cantando o invocando algo. La asustada Eleanor no puede apartar la mirada, y pide a Theodore que le coja de la mano y que no hable, para que no las descubra esa presencia sobrenatural. A la voz del hombre se suman las risas de una joven voz femenina. Las sombras que se proyectan sobre el papel parecen crear dos ojos y una boca, y entonces las risas de la chica del otro lado de la pared se convierten en gritos ahogados. Eleanor le pide a Theodore que no le apriete tanto la mano, y chilla para intentar detener el sufrimiento que la joven desconocida está padeciendo. Enciende la luz y los lamentos cesan, pero Eleanor descubre que se ha dormido sobre un butacón, y que Theodore, que se acaba de despertar, se encuentra al otro lado de la habitación. Eleanor se mira el brazo y dice: «Dios, ¿qué mano me estaba cogiendo?».

LO INVISIBLE

¿Por qué nos estremece esa imagen de un aparentemente inofensivo papel pintado? La respuesta es que no solo es el papel lo que nos asusta, también cómo se juega con lo psicológico, lo visual y lo sonoro de la escena: cuando hay un gran trabajo detrás de una secuencia, todo está planificado al dedillo, incluso el papel de una pared. Las habitaciones de los personajes principales se decoraron conforme a la personalidad de cada uno: en el caso de Theodore, las paredes estaban cubiertas de papel pintado en un diseño bohemio —colores vibrantes—, llamativo y casi lujurioso, como el temperamento de la mujer. Sin

embargo, en el cuarto de Eleanor el diseño floral se realizó en relieve sobre azulejos de yeso blanco, dando como resultado algo tan rígido y tenso como su carácter. En la escena comentada, el motivo de la pared de la habitación de Eleanor se vuelve aún más siniestro gracias a la habilidad del director para mover la cámara, iluminar y dar protagonismo a las sombras, si bien es el sonido lo que finalmente hiela la sangre: «No hay nada en la película que veas —apunta Robert Wise—, no hay nada, todo está en la mente, en lo que

oyes, en la banda sonora». La voz amortiguada del hombre, los gritos de la joven y otros sonidos que escuchan los protagonistas en diferentes escenas, fueron grabados anteriormente y luego reproducidos en directo mientras se filmaba, de tal forma que los actores reaccionaban con mayor naturalidad ante aquellas psicofonías en diferido; el resultado es una secuencia magistral, parte de un clásico que no pasa de moda, donde lo terrible se palpa con el oído y no solo con la vista.

¿Sabías qué...?

The Haunting, aparte de ser la película de terror favorita de Martin Scorsese, sufrió un *remake* en 1999 titulado *La guarida*. Protagonizada por Lili Taylor, Liam Neeson y Catherine Zeta-Jones, el filme presumía de unos impresionantes decorados y un inicio prometedor. Pero enseguida la sutileza de la original era sustituida por una montaña de discretos efectos especiales, y la cinta pasaba a ser una atracción de feria sin gracia, y ya puestos a quejarnos, sin una gota de sangre.

MUERTE EN EL CIELO

LOS PÁJAROS

The Birds. 1963. Estados Unidos. Basada en el libro de Daphne du Maurier. Director: Alfred Hitchcock. Reparto: Tippi Hedren, Rod Taylor, Jessica Tandy. Género: Terror. Suspense. Duración: 115 min.

ACTRIZ ENJAULADA

Melanie es una mujer rica que viaja al pueblo costero de Bodega Bay para intentar conquistar a Mitch, un abogado que la trató con poco tacto en una pajarería de la ciudad. Por un extraño azar del destino, la visita de Melanie coincide con el ataque de varios pájaros a los habitantes del lugar, siendo ella la primera en padecer la furia de una gaviota; estos hechos sin explicación se convierten en una amenaza para todo el pueblo cuando las aves deciden atacar por bandadas.

"It could be the most terrifying motion picture I have ever made!"—

"...and remember, the next scream you hear may be your own!"

ALFRED HITCHCOCK'S
"The Birds"
TECHNICOLOR®

STARRING
ROD TAYLOR · JESSICA TANDY
SUZANNE PLESHETTE and Introducing 'TIPPI' HEDREN
A Fascinating New Personality
Based on Daphne Du Maurier's Classic Suspense Story!
Screenplay by EVAN HUNTER · Directed by ALFRED HITCHCOCK

Inolvidable obra maestra de Hitchcock que, valiéndose del título y la trama de una novela de Daphne du Maurier, realizó su propia historia sobre una rebelión alada contra la humanidad. Para algunos estudiosos, el filme del maestro del suspense es algo más que una cinta de terror, es una obra freudiana llena de simbología sexual. ¿La explicación menos elaborada de todo esto? Que Hitchcock se enamoró de su protagonista, Tippi Hedren, o por lo menos, la deseó a escondidas, y eso acabó por plasmarse en la pantalla.

VENGANZA ANIMAL

Aunque en la película no se precisa el motivo del comportamiento de los pájaros, a Hitchcock no le importó compartir con el público la idea que había detrás de la historia: «En *Los pájaros* lo que intentamos es dar una visión sobre nuestra despreocupación por la naturaleza. Nadie se preocupa por los pájaros, hasta que un día deciden vengarse. Los dis-

paramos, los enjaulamos, nos los comemos… Han sufrido por culpa de los humanos. Ahora les toca a ellos». No nos engañemos: en manos de cualquier otro director *Los pájaros* habría sido una serie B ridícula, solo **Hitchcock es capaz de convertir un planteamiento aparentemente anodino en una insuperable pieza de suspense**, solo él hace de un ave algo tan temible. Pese a que el director asume que la primera parte de su obra es solo una introducción de personajes «donde no pasa nada», hay que valorar que, en esos mismos momentos, es donde se gesta la tensión que terminará por explotar cuando las aves se subleven.

FUMANDO ESPERO

El pueblo está alerta por la creciente agresividad de los pájaros, y Melanie ha ido a recoger a Cathy, la hermana de Mitch, a la escuela. Mientras finaliza la clase, Melanie sale fuera para fumarse un cigarro, y se dirige a un banco situado delante de un parque infantil. La mujer toma asiento de espaldas a los columpios, saca un pitillo del bolso y lo enciende. Al mismo tiempo, un pájaro se posa encima de un columpio, después otro. Mientras se escuchan los cánticos de los niños del colegio, ahora son cuatro, cinco, seis las aves que tiene a su espalda la joven. A continuación la cámara se centra en Melanie mientras fuma. Los segundos pasan y no volvemos a ver el columpio, solo a la mujer esperando, impaciente porque acabe esa cantinela infantil. Melanie alza la vista para observar a un pájaro que vuela cerca; la mujer se da media vuelta y lo sigue con la mirada hasta que el ave se posa en un columpio, donde le acompañan numerosos pájaros que permanecen en silencio. Todo el parque infantil está cubierto de pájaros. Melanie se levanta y corre a la escuela, avisa a la profesora y deciden que tienen que escapar con los niños. Procuran huir en silencio, pero las aves alzan el vuelo y caen sobre los chicos, que emprenden una desesperada carrera hacia el centro del pueblo. Los niños son picoteados y heridos. Melanie ayuda a una cría que ha tropezado, y junto a Cathy, se refugian en un coche. Al poco, los pájaros se marchan tal y como vinieron.

EL ESPECTADOR SABE

Una de las virtudes del maestro del suspense era que conseguía que el espectador participase en sus historias. En esta secuencia, vemos a Melanie sentada en el banco fumando, mientras a su espalda empiezan a llegar pájaros al columpio. De ese modo, nosotros, como espectadores, sabemos más que Melanie, queremos avisarla y decirle: «¡Date la vuelta, por Dios!». ¿Y qué hace Hitchcock en ese momento?: «Ahora el público sabe que se están reuniendo en el patio —dice el director—, y es consciente de que nos estamos centrando en ella. Al final, hay un plano muy cercano de Melanie, y lo mantenemos hasta que el público no pueda aguantar más». Y así acontece, el público está deseando saber qué ocurre en el columpio, que ella se gire, pero el director juega magistralmente con nuestra imaginación, y cuando llega el momento en el que por fin se da la vuelta, su mirada se alterna con el punto de vista de la cámara, como si nosotros fuéramos los ojos de ella y descubriéramos por primera vez la reunión de pájaros... de esa manera Hitchcock consigue situarnos en los dos lados de la historia: en el del espectador que quiere ayudar a la chica, y en el de la aterrorizada Melanie.

En la segunda parte de la secuencia, se rodó la huida de los niños que, en realidad corrían solos, pues los pájaros fueron añadidos en postproducción: «Nos defendíamos de unos pájaros que no estaban allí —explica Tippi Hedren—, cuando volvimos al plató de Universal nos hicieron subir a una cinta para correr... ¡Eso sí que era ejercicio!». Dicha cinta se usó para rodar los planos cercanos donde se veía a los niños siendo picoteados. Después se añadía un fondo para que todo

pareciera filmado en el mismo lugar. Se rodaron muchos planos para lograr dinamismo, y la coreografía era importante para que diese la sensación de que los pájaros estaban acosando a los críos. Para que los niños tuvieran una referencia física, se les lanzaban pájaros de trapo, la mayoría reproducciones de grajos... pero ninguno disecado, al parecer.

¿Sabías qué...?

La película toca temas vistos en infinidad de películas de terror posteriores —personas asediadas por un enemigo implacable, en ocasiones sin causa aparente—, y su influencia se puede percibir en producciones tan dispares como *Tiburón* (1975), *Asalto a la comisaría del distrito 13* (1976), *Asesino invisible* (1977), o su propia secuela: *Los pájaros 2: El fin del mundo* (1994), un tremebundo telefilme en el que Tippi Hedren hacía un pequeño papel, y del que se arrepintió poco después.

DINASTÍA ZOMBI, AÑO UNO

LA NOCHE DE LOS MUERTOS VIVIENTES

The Night of the Living Dead. 1968. Estados Unidos. Director: George A. Romero. Reparto: Duane Jones, Judith O'Dea, Marilyn Eastman. Género: Terror. Zombis. Gore. Duración: 96 min.

TARDOZOMBIE

Los habitantes de un pequeño pueblo de Pensilvania son agredidos por personas que, al parecer, han muerto recientemente. Una chica que ha sido atacada por uno de estos seres, se refugia en una casa junto a otros que, como ella, intentan escapar de esta amenaza. Mientras luchan por sobrevivir, descubren que sus atacantes no están vivos, son cadáveres andantes a los que únicamente se les puede matar dañando sus cerebros.

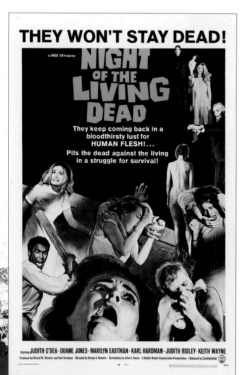

Ópera prima de George A. Romero, padre de los muertos vivientes y uno de los pilares del cine fantástico durante el siglo XX. *La noche de los muertos vivientes* siempre será recordada por ser la pionera en dar «vida» a los zombis modernos. El cine había tratado el subgénero antes en películas como *La legión de los hombres sin alma* (1932) o *Yo anduve con un zombi* (1943), donde los no muertos eran resucitados mediante ritos o actividades relacionadas con el vudú y la magia negra. Esta fue la primera vez que un zombi se despertaba por causas no del todo claras —se menciona una posible radiación producida por un satélite— y comía carne humana, aunque en su origen Romero nunca pensó en hermanarlo con los muertos vivientes clásicos.

ZOMBIS CONTRA EL RACISMO

De hecho, en el argumento no se nombra en ningún momento la palabra zombi, porque los personajes no saben exactamente a qué se están

enfrentando; Romero prefería llamarlos devoradores o *ghouls* (fantasmas), y estaban inspirados en los no muertos de *Soy leyenda* (1954), la famosa novela apocalíptica escrita por Richard Matheson. Romero tampoco ofrece una explicación definitiva del por qué los difuntos resucitan, o la causa de sus aficiones alimentarias, y se defiende diciendo que para él resulta una cuestión intrascendente: «No me importa lo que son. No me importa de dónde vinieron. Pueden ser cualquier desastre. Podrían ser un terremoto, un huracán, lo que sea. En mi mente, no representan nada, salvo un cambio global de algún tipo. Y las historias son acerca de cómo la gente responde o no responde a este, y eso es realmente todo lo que han representado para mí». Estos cambios a los que se refiere el director, convierten las películas de zombis de Romero —quizá no en todas de manera voluntaria— en metáforas de una época, de una circunstancia o un estilo de vida. Por ejemplo: mientras en *La noche de los muertos vivientes* se manifestaba el miedo a los horrores de la guerra del Vietnam —o su final se podía ver como una contundente denuncia contra el racismo—, en *Zombi* (1978), la segunda parte de una larga saga, el mensaje era una ácida crítica contra la sociedad de consumo. De tal forma, las producciones de Romero siempre son algo más que un grupo de personas matando o siendo devoradas por muertos vivientes; en su cine siempre existe la reflexión de que el hombre suele ser aún más malvado y salvaje que el zombi.

VIENEN A POR TI, BÁRBARA

La película contiene secuencias escalofriantes y grotescas, sin embargo, la escena que te engancha a la historia es aquella donde no hay presencia de sangre ni higadillos; la recordamos porque podría ocurrirte a ti o a mí, y da miedo por lo real de la situación: Bárbara y su hermano Johnny hacen una visita al cementerio donde reposan los restos de su padrastro. Es tarde y el camposanto está vacío. Después de depositar unas flores —y mientras Bárbara reza una plegaria— Johnny observa como un hombre se aproxima

deambulando entre las lápidas. **El chico sabe que su hermana tiene miedo a los cementerios, y bromea sobre aquel individuo: «Vienen a por ti, Bárbara. Mira, ahí está, es uno de ellos».** Johnny se aleja para asustarla y, sin previo aviso, el extraño se abalanza sobre Bárbara, que grita pidiendo ayuda. El chico socorre a su hermana y se enzarza en una pelea con el extraño, con tan mala fortuna que cae sobre una lápida, se golpea la cabeza y queda inconsciente. El agresor camina hacia la joven, que huye y se monta en su coche. Pero hay un problema: no tiene en su poder las llaves para arrancar el vehículo, y solo puede cerrar los seguros de las puertas para evitar que el extraño entre. El atacante golpea el automóvil, y con una piedra rompe una de las lunas. Antes de poder agarrar a la chica, ella quita el freno de mano y el coche baja por una pendiente dejando al hombre atrás; no obstante, la persecución no termina, porque unos metros más adelante el auto golpea un árbol y se detiene. Bárbara corre desesperada, mientras el hombre vuelve a recuperar terreno. Finalmente, la joven descubre una casa en medio del campo, y se oculta allí mientras el extraño acecha en el exterior.

UN MIEDO REAL

Una de las cosas que más tememos en la vida es que nuestros miedos se hagan realidad. El pavor de Bárbara a los cementerios se materializa cuando, de pronto, un desconocido con cara de loco la ataca sin ningún motivo. Y no solo eso, pues la persona que supuestamente la podía defender, su hermano, sucumbe ante el ataque del extraño. En ese momento compartimos el terror que siente la chica, empatizamos con su angustia.

En la película, Bárbara no llega a recuperarse de aquel suceso traumático, y permanece casi todo el tiempo en estado de shock, algo que fue idea de Judith O´Dea, la actriz que encarna al personaje: «Curiosamente, no creo que George hubiera trabajado completamente el personaje de Bárbara cuando empezamos a rodar —comenta Judith—. Su dirección era simple: nos decía qué quería ver físicamente y qué quería lograr para que la historia avanzase. Al hacer eso, me dio una gran libertad emocional para lograr lo que él quería. Para mí, gran parte de lo que motivó a Bárbara estaba impulsado por el miedo, la conmoción y una incapacidad total para explicarse

a sí misma racionalmente lo que estaba pasando. Entonces, me pareció correcto que poco a poco se hundiera más y más profundamente en sí misma. Estaba más segura allí hasta que pudiese encontrar un camino de regreso a una realidad con la que pudiese lidiar, por horrible que fuera». Este proceso mental con el que trabaja la actriz da como resultado un personaje atípico en el cine de terror; ha sobrevivido, pero no es una heroína, sino una persona afectada psicológicamente por un fuerte trauma.

ARRIMANDO EL HOMBRO

La secuencia se grabó durante dos días en el cementerio de Evans City (Pensilvania), coincidiendo con los últimos días de rodaje, y hubo que reescribir una parte del guion, porque alguien del equipo cogió el coche que conducía Johnny —y que en realidad era de la madre del actor— y le hizo una notable abolladura, por lo que hubo que añadir una escena en la que el auto chocaba contra un árbol. Si algo destaca en *La noche de los muertos vivientes* es su atmósfera, y que fuese rodada en blanco y negro ayuda a que esta secuencia —y toda la película— posea un aire documental especialmente oscuro y siniestro. Si te preguntas si tal decisión fue una genialidad de Romero, la respuesta es no, se grabó así porque salía más barato que hacerla en color. La falta de dinero conllevó un gran esfuerzo por parte del equipo técnico y humano, y todos hacían un poco de todo. El zombi que ataca a Bárbara en el cementerio, S. William Hinzman, también era asistente de cámara y director de fotografía; al no tener experiencia como actor tomó de inspiración a Boris Karloff, de ahí que sus andares, movimientos y muecas recuerden a alguno de los personajes del famoso actor. El maquillaje que lucía Hinzman no era el típico de zombi podrido, pues se suponía que las radiaciones del satélite solo afectaban a los cadáveres recién enterrados. Era una forma de ahorrar dinero en efectos, pese a que algunos zombis sí fueron maquillados para que pareciesen llevar más tiempo muertos. Por último, durante la pelea entre Hinzman y Johnny (Russell Streiner), el primero recibió un rodillazo en la entrepierna, y los gemidos que se escuchan son auténticos, producto de un dolor más real que el mordisco de un zombi.

¿Sabías qué...?

La película contó con un presupuesto de 114.000 dólares, y recaudó la friolera de treinta millones. Para promocionar la cinta en España, se contrató a una enfermera en cada sala donde se proyectó; su trabajo era hacer frente a los shocks y desmayos que pudieran producirse entre los espectadores.

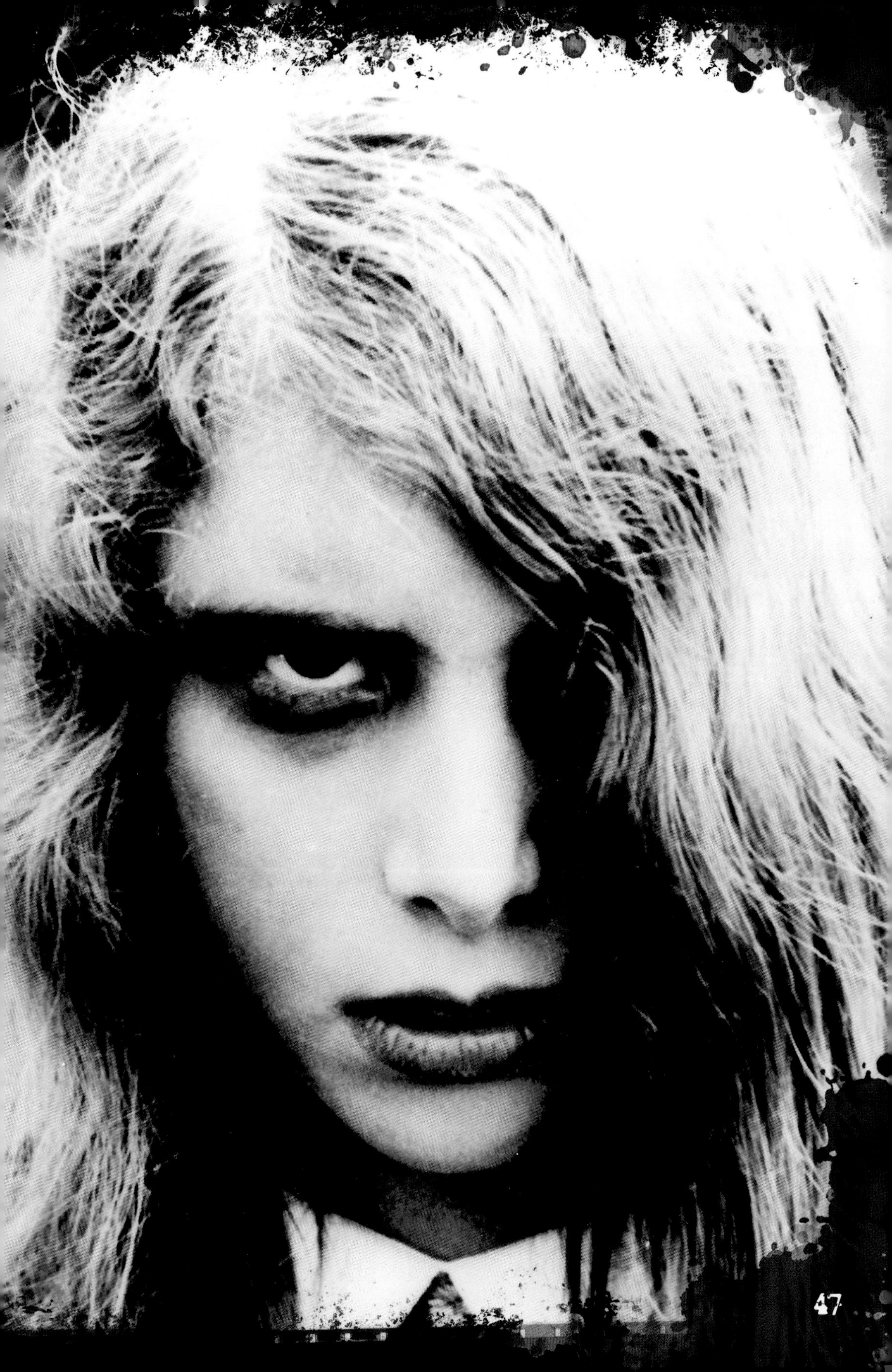

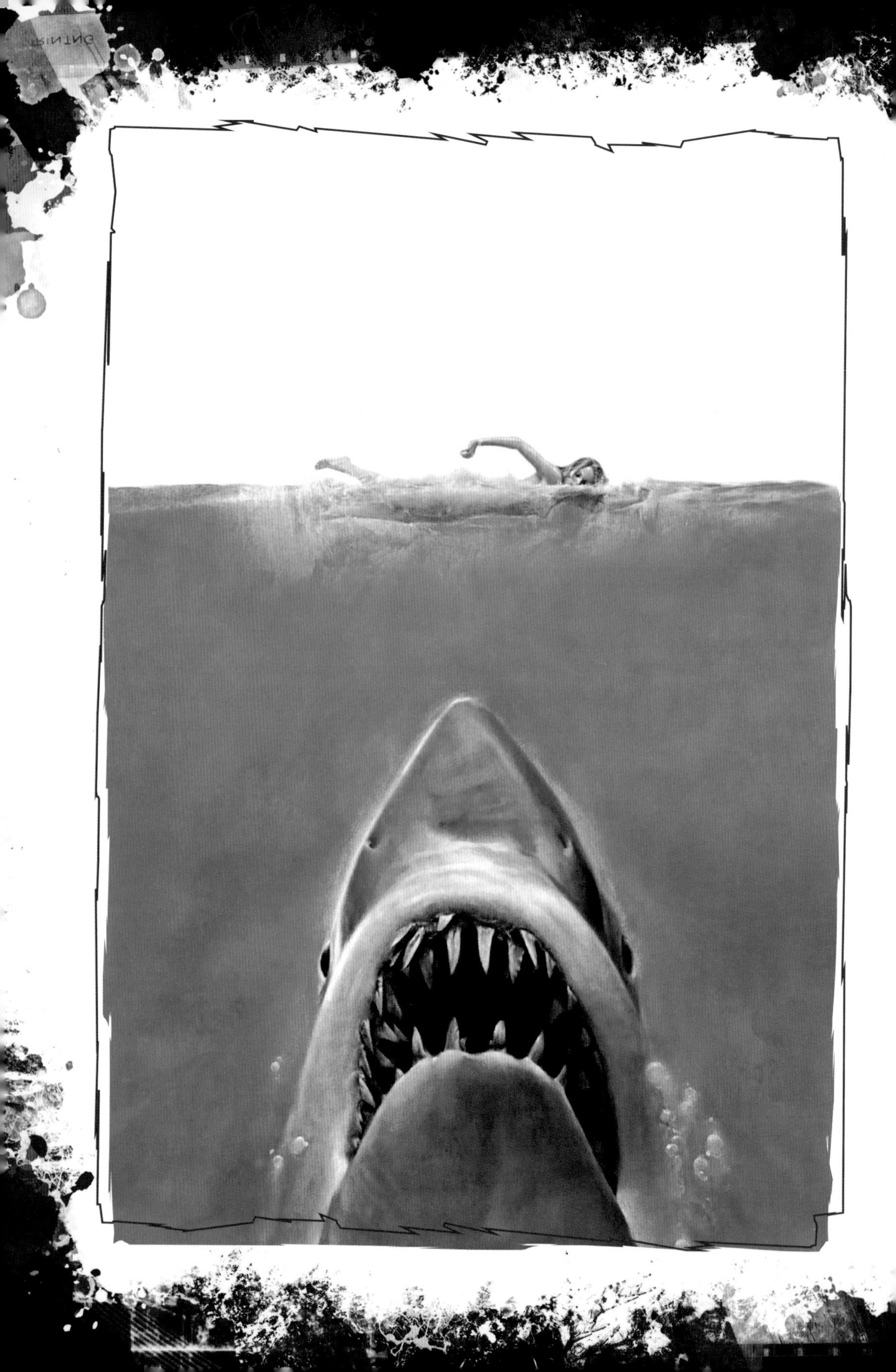

DÉCADA DE LOS SETENTA

Estados Unidos se sumió en una época de pesimismo causado por la muerte de Luther King, la guerra de Vietnam o el fin del movimiento hippie. Aquella nueva realidad impactó en la sociedad de la época, cuyo cine de terror se volvió visceral, sangriento, con títulos tan controvertidos como *La última casa a la izquierda* (1972), *Crimen en la noche* (1972), *La matanza de Texas* (1974), o *Las colinas tienen ojos* (1977). A su vez, el éxito mundial de *El exorcista* (1973) consolidó un cine comercial de terror para adultos, que se apuntaló con producciones como *Tiburón* (1975), *La profecía* (1976) o *Carrie* (1977). En Europa, el terror gozaba de una salud envidiable gracias a directores italianos de la talla de Dario Argento (*Rojo oscuro*, 1975), o Lucio Fulci (*Angustia de silencio*,1972), y a grandes títulos obra de realizadores británicos de la talla de Nicolas Roeg (*Amenaza en la sombra*, 1973) o Robin Hardy (*The Wicker Man*, 1973). En España destacó el icónico actor Paul Naschy (*El jorobado de la Morgue*, 1972) y cineastas que triunfaron más allá de nuestras fronteras, véase Jesús Franco (*El conde Drácula*, 1970), o Armando de Ossorio (*La noche del terror ciego*, 1972). Cuando los años setenta agonizaban, tres películas marcarían el devenir del género: *Terror en Amytiville* (1979), que desenterró el subgénero de casas encantadas; *La noche de Halloween* (1978), que a cuchillada limpia popularizó el *slasher*, y *Alíen, el octavo pasajero* (1979), que fue imitada hasta la saciedad y dio lugar a una de las sagas más disfrutables y longevas del cine fantástico.

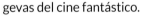

ALGO EXTRAÑO SUCEDE EN ESTA CASA

EL EXORCISTA

The Exorcist. 1973. Estados Unidos. Basada en el libro de William Peter Blatty. Director: William Friedkin. Reparto: Linda Blair, Jason Miller, Ellen Burstyn. Género: Terror. Posesiones. Duración: 121 min.

PIDE UN DESEO

Chris MacNeil es una célebre actriz que empieza a notar que su hija de doce años, Regan, se comporta de forma anormal. En un primer momento achaca los cambios a la pubertad de la joven, pero tras varios conatos de violencia preocupantes, Chris lleva a su hija al médico para que le hagan unas pruebas. Los especialistas no encuentran nada, y uno de ellos confiesa a la mujer que debería consultar con un exorcista, pues a nivel psicológico la niña parece convencida de estar poseída, y un cura podría devolverle la cordura practicándole un exorcismo. Chris, a la que no le quedan muchas salidas, accede y se pone en contacto con el padre Karras, que a su vez recibirá ayuda del padre Merrin, un exorcista consumado. Juntos lucharan por salvar el alma de Regan.

Basada en el muy recomendable libro de William Peter Blatty, parece que el tiempo no pase por *El exorcista*. La malsana atmósfera y sus escenas escabrosas siguen funcionando a la perfección, como si la película misma hubiera hecho un pacto con el diablo para mantenerse saludable. ¿Ese pacto incluirá a los espectadores que la vean, qué sé yo, 666 veces? ¿Afectará también a los lectores de este libro?

UN MIEDO INIGUALABLE

El exorcista es un carrusel de terror que no pretendía serlo, según cuenta su director, William Friedkin: «Trataba de hacer una película sin ningún sentido del estilo, con ningún sentido de hacer nada que pudiera ser —ni remotamente— clasificado como un filme de horror o fantasía. Intentaba que fuera lo más realista posible y que como máximo pudiera ser calificado de un trabajo sobre lo inexplicable. Ahora puedo aceptar que *El exorcista* pertenece al género del horror, pero en aquel tiempo no podía». Efectivamente, como bien asegura Friedkin, la clave del filme es su verosimilitud: la sensación de cotidianidad de la casa de los MacNeil, el cariño que se procesan madre e hija, los problemas personales del padre Karras (Jason Miller) y el padre Merrin (Max Von Sydow). La proximidad con los personajes ni siquiera desaparece en las escenas con efectos especiales, y hay momentos que parecen extraídos de un documental sobre exorcismos; de manera inconsciente, eso hace que la audiencia se involucre en la historia, que note el frío que emerge del cuarto helado de Regan y se estremezca ante sus gruñidos.

EL CUERPO DE CRISTO

De esta película se podrían escoger al menos tres o cuatro momentos difíciles de olvidar: el principio con el padre Merrin en Irak, la irrupción de Regan en la fiesta de su madre para vaticinar la muerte de un astronauta, las visiones del padre Karras con su madre, la masturbación de Regan con un crucifijo... Al final, son escenas que desembocan en el impresionante exorcismo, que comienza con la imagen más icónica del filme: el padre Merrin bajando del taxi, rodeado de bruma y deteniéndose en la acera para observar la ventana iluminada de la casa de los MacNeil. Aquel instante era el principal gancho del tráiler que se proyectó en las salas de cine, y enseguida se grabó en el imaginario de un público que ansiaba conocer qué había detrás de aquella ventana. Pero volvamos con el padre Merrin:

después de que el sacerdote sea acogido por la madre, es acompañado por Karras hasta la habitación de Regan. La temperatura del cuarto ha bajado y ambos expulsan vaho por la boca. La niña se encuentra atada a la cama, su rostro es una máscara demoniaca de ojos verdes, y su voz es grave, cavernosa. En un intento por desestabilizar la mente de los curas, Regan les insulta de manera brutal, y escupe una sustancia verde sobre la cara de Merrin. Ellos resisten los ataques del demonio e inician el rito del exorcismo, pero mientras rezan, la cama empieza a temblar y a levitar con la niña encima. Una sombra de duda atraviesa la mente de Karras que, sin embargo, se une a Merrin en la plegaria para expulsar al diablo del cuerpo de Regan. Por el contrario, la niña poseída no da síntomas de debilidad, y su cabeza gira 180 grados ante el asombro de Karras. **La vacilación del cura se acrecienta cuando Regan habla con la voz de su madre, recientemente fallecida: «Tú mataste a tu madre, la dejaste morir sola».** Los ojos de la cría se vuelven blancos y sus ataduras se arrancan solas. Regan flota sobre la cama, y los sacerdotes renuevan sus esfuerzos por salvarla, recitando la famosa frase: «El poder de Cristo te obliga, el poder de Cristo te obliga». Poco a poco, el cuerpo de la niña desciende sobre el lecho, y Karras aprovecha para atarla de pies y manos, pero es golpeado y cae al suelo. Entonces vemos, al lado de la niña, aparecer la imagen del demonio Pazuzu, un ser al que seguía la pista Merrin desde Irak. Merrin sigue rezando y Regan parece tranquilizarse. Los dos exorcistas, agotados, salen del cuarto para descansar. Aún les queda trabajo por hacer.

DEL CAOS A LA GLORIA

El director William Friedkin explica lo que para él suponía esta escena: «El demonio está constantemente intentando poner a prueba la fe que estos hombres tienen en Dios y en este ritual. Es un reflejo de lo que ocurre en nuestra vida a diario: la continua lucha del bien contra el mal que reside en todos nosotros». Es curioso que el significado de estas palabras valga para describir el carácter bipolar del propio Friedkin, pues debido a su demencial búsqueda del perfeccionismo —un crítico le tachaba de psicópata inestable—, tuvo peleas continuas con Blatty —que se encargó de adaptar su propio libro— y el resto de técnicos y actores. No pocos expertos en cine aseguran que sin esa tensión el resultado de la película no hubiera sido el que fue. Uno de los

que más sufrió la presión del director fue el actor Max Von Sydow —Merrin—, al que le costó meterse en el personaje, e incluso olvidaba sus líneas de diálogo cuando, al entrar en el cuarto, Regan se ponía a soltar insultos y obscenidades. Por otro lado, Linda Blair también padeció la ira de Friedkin, y tuvo varios ataques de ansiedad. Entonces era una niña de doce años, y su estado emocional era muy diferente al del resto del equipo de rodaje: «Es muy difícil, obviamente para un niño hacer una película, especialmente

porque no estaba interesada en el tema, un tema de adultos, de religión y, por supuesto, tengo todo ese maquillaje puesto, no entendía qué estaban haciendo, tienes todos esos efectos especiales que nunca se habían hecho, tienes incluso el maniquí, por ejemplo, que usaron para que mi cabeza girase [...] Y es muy técnico, toda la levitación y las diferentes cosas, así que no pude juntar nada que tuviera continuidad». Tanto es así, que hasta que la película no se estrenó, Linda no comprendió la calidad de la misma, y que su éxito le iba a cambiar la vida para siempre (en su caso, para mal, pues se metió en el mundo de las drogas y no volvió a triunfar en el cine).

APRENDIENDO A ESCUPIR

Para los efectos especiales se contrató a Marcel Vercoutere, que de primeras le dijo al director que era imposible realizar todos los trucos que venían en el guion. Entonces Friedkin le comentó que se reuniese con el maquillador Dick Smith, y ambos consiguieron organizar la secuencia del exorcismo en solo tres días. Construyeron la habitación de Regan dentro de un frigorífico industrial para conseguir esa sensación de frío que transmitía la presencia del demonio, y se llegaban a alcanzar temperaturas de treinta grados bajo cero. Usaron un falso suelo para poder mover la cama desde abajo, un circuito de expulsión de líquidos para el puré de guisantes que debía vomitar Regan, y confeccionaron un maniquí con una cabeza giratoria que rotaba 180 grados; la inquietante testa llevaba unos mecanismos que permitían abrir la boca y mover los ojos. Smith fabricó todo tipo de máscaras de látex y lentillas para la progresiva putrefacción del rostro de Regan, y logró hacer envejecer a Max Von Sydow sin necesidad de prótesis. Por si esto fuera poco, Smith enseñó a Linda Blair a hacer una cosa realmente complicada: «Enseñe a escupir a Linda Blair —comenta Smith—. Es muy fácil escupir si te pasas el día mascando tabaco, pero no tan fácil si eres una niña de doce años, así que me pasé varias semanas enseñándola a escupir». Viendo la energía con la que Linda escupe sobre Merrin, fue un tiempo bien empleado.

El exorcista revolucionó el mundo de los efectos de maquillaje, ganó dos Oscar —mejor sonido y mejor guion—, dejó en shock a millones de espectadores en todo el mundo y provocó varias secuelas y una serie de televisión. Su influencia en el subgénero de poseídos y exorcismos todavía es palpable en la actualidad. Ninguna ha llegado a superarla, ni tan solo se le ha acercado.

¿Sabías qué...?

La voz demoníaca de Regan pertenecía a la veterana actriz Melissa McCambridge. Fue escogida por el tono grave de su voz, pero no recibió la recompensa que merecía, pues en las primeras copias de la película su nombre no aparecía en los títulos de crédito. Melissa denunció a Warner, ganó el pleito e incluyeron su nombre.

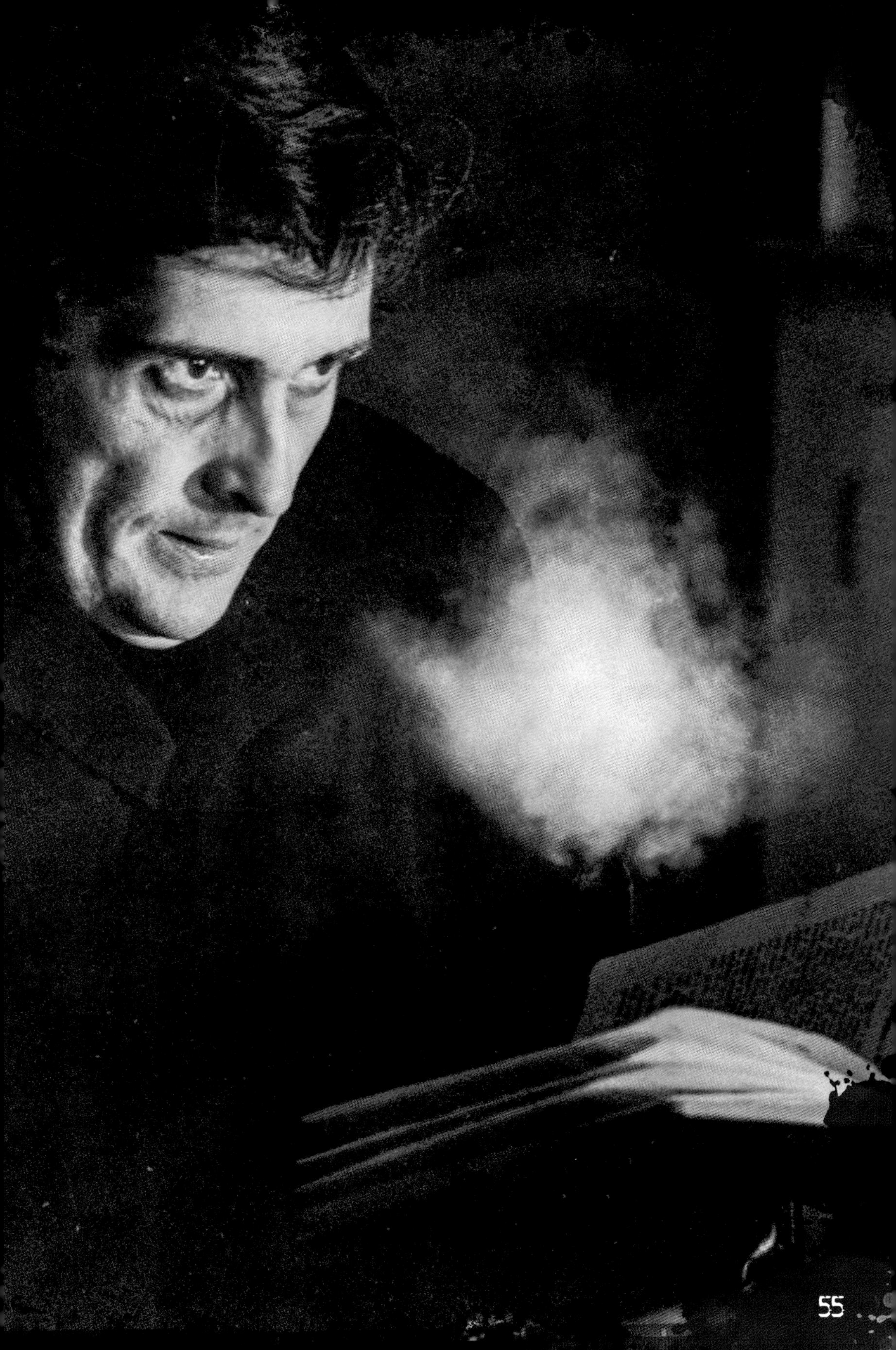

TERROR BAJO LAS OLAS

TIBURÓN

Jaws. 1975. Estados Unidos. Basada en el libro de Peter Benchley. Director: Steven Spielberg. Reparto: Roy Scheider, Richard Dreyfuss, Robert Shaw. Género: Terror. Aventuras. Duración: 124 min.

EL TIBURÓN QUE ATERRORIZÓ AL MUNDO

En el pueblo costero de Amity Island, varias personas son atacadas por lo que parece un tiburón de grandes dimensiones. Brody, el jefe de la policía local, alerta a las autoridades, pero estas no quieren que cunda el pánico y se niegan a tomar ninguna medida; después de que el escualo se cobre su primera víctima, el policía decide buscar ayuda, y se une a un joven oceanógrafo y un malencarado cazador de tiburones para encontrar al implacable animal y capturarlo.

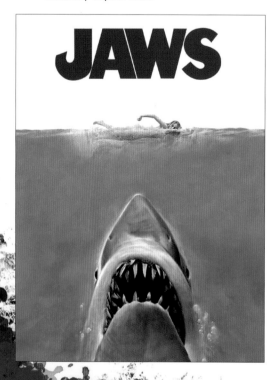

Mítico título que metió el pánico en el cuerpo a los bañistas de todo el globo terráqueo, y nos regaló una de las últimas películas donde la fusión del cine de aventuras y otros géneros funcionó a la perfección. *Tiburón* reventó la taquilla a dentelladas, convirtiéndose en el primer *blockbuster* —o cine espectáculo, taquillero, al principio asociado a la película del verano— de la historia del séptimo arte. ¿Quién dijo que un *blockbuster* no podía significar cine con mayúsculas?

LA NOVELA DEL PEZ

Durante aquellos años setenta, en Estados Unidos había una lucha encarnizada entre los grandes estudios de Hollywood para hacerse con los derechos del nuevo libro de moda. El escritor Peter Benchley acababa de finalizar su primera novela, *Jaws* —en español mandíbulas—, y no sabía qué hacer con ella: «Al

principio nadie sabía lo que tenía, ni yo mismo. Era una primera novela, una primera novela sobre un pez, y no tenía buenas perspectivas». Pero un editor presintió que era algo más que un libro sobre peces, y consiguió vender los derechos a los productores que acababan de trabajar con Steven Spielberg en *Loca evasión* (1974). A estos les encantó el libro, y se lo pasaron a Spielberg sin explicarle demasiado sobre su contenido: «Recuerdo que vi un tocho de páginas en el que ponía *Jaws* —indica Spielberg—. No sabía lo que significaba. ¿Mandíbulas? ¿Iba sobre un dentista? [...] Desconocía que fuera un libro sobre un gran tiburón blanco. No sabía que iba a convertirse en uno de los libros más vendidos del país. Lo leí y de repente, pensé: "Vaya, es como una película que acabo de hacer"». El director se refiere a *El diablo sobre ruedas* (1971), donde un misterioso e imparable camión persigue a un comercial montado en su coche. Para Spielberg, rodar *Tiburón* suponía hacer una especie de continuación de ese telefilme, solo que el monstruo no iría sobre el asfalto, sino bajo el agua.

PODER DE SUGESTIÓN

No son escasos los rumores que aseguran que el motivo de que *Tiburón* sea tan terrorífica no fue del todo debido a la pericia de su director, sino a los problemas que tuvieron al manejar el enorme tiburón mecánico que construyeron para la película. Más allá de que el artilugio fallase más que el motor de un coche en una peli de terror, Spielberg siempre declaró que su preferencia era la de no mostrar al escualo salvo en ocasiones puntuales, pues en la sugestión se hallaba la fórmula para mantener asustado al público. **El director alcanzó el perfecto equilibrio sobre lo que se vería y lo que debía imaginarse.** En los pri-

meros compases de la película apenas percibimos la aleta del tiburón, pero a partir de que Brody y sus compañeros salen a cazarlo, su gigantesca boca dentuda se hace presente en varios momentos para el recuerdo, sobre todo en la memorable escena en la que el animal se apoya en la popa de la embarcación y se traga a uno de sus tripulantes. Pese a que es una secuencia impresionante, el verdadero miedo que produjo *Tiburón* fue a causa de otro instante que todavía hoy eriza el vello.

EN LA PLAYA TODO EL MUNDO PUEDE ESCUCHAR TUS GRITOS

Hace un día soleado y la playa se encuentra abarrotada de bañistas. Un niño corre por la orilla con su perro, otro le pide a su madre un poco más de tiempo para permanecer en el agua. Brody y su mujer pasan allí el día, hablando con unos amigos, pero el jefe de policía parece distraído: no puede retirar la mirada del mar. Sabe que un tiburón puede ser el causante de los ataques a varios lugareños, y está preocupado. El dueño del perro tira un palo al agua y el animal nada con él en la boca; cerca, una mujer flota bocarriba

con los ojos cerrados. El niño que ha recibido el permiso de poder disfrutar de diez minutos más de baño, se zambulle subido a una colchoneta. Brody no quiere perder detalle de ninguno de los bañistas, pero la gente pasa delante de él, y los pierde de vista durante unos segundos que podrían ser vitales. Algo se acerca a la mujer que flota bocarriba, y Brody se incorpora. Falsa alarma, es un anciano con un gorro de baño negro. Un vecino quiere hablar con el policía, pero Brody no presta atención y se levanta al escuchar un grito: solo se trata de una jo-

ven que juega con su novio. Ahora un grupo de chicos entra en el agua. Ellen, la mujer de Brody, intenta calmar a su marido dándole un masaje en la espalda. Mientras, el dueño del perro llama a su mascota en vano. El palo con el que jugaba el animal se mece solitario entre las olas. Bajo la superficie, una presencia ronda cerca de los pies de varios niños, y a continuación se dirige a gran velocidad hacia el crío subido encima de la colchoneta. El niño es sacudido por algo que hay debajo de él, y un gran chorro de sangre se mezcla con el agua. Los otros niños que hay cerca gritan. Brody salta y pide a todo el mundo que salga del agua, pero la gente que está en la arena corre para socorrer a los que hay dentro. La madre que ha perdido a su hijo le llama desconsolada. La colchoneta del niño —deshinchada y teñida de sangre—, flota hacia la orilla como si fuera parte de los restos de un naufragio.

¿Sabías qué...?

Spielberg estaba deseando volver a trabajar con John Williams después de *Loca evasión* (1974), pero cuando el compositor le enseñó lo que se le había ocurrido, Spielberg creyó que estaba gastándole una broma: «Esperaba oír algo extraño y melódico, como tonal, pero misterioso, de otro mundo, un poco casi como del espacio exterior, el espacio interior bajo el agua. Y lo que me tocó con dos teclas bajas era... al principio me puse a reír, pensaba que estaba... tenía un gran sentido del humor y creía que me estaba tomando el pelo. Pero me dijo: "No, es el tema de *Tiburón*". Y yo le dije: "Vuelve a tocarlo". Volvió a tocarlo. Y otra vez, y de repente me pareció bien, pero al oírlo la primera vez no me gustó porque parecía demasiado simple. Y tan simple... las mejores ideas suelen ser las más simples, y John encontró el tono de la película entera».

UN CADÁVER SIN IMPORTANCIA

La secuencia es una lección de cómo crear incertidumbre y suspense. Sabes que va a pasar algo terrible, pero Spielberg estira la intriga para que tu espera llegué a cotas insoportables. Se trata de una escena en la que son clave el montaje y la inolvidable música de John Williams, y cuya mayor dificultad a la hora de rodar estuvo alrededor de la muerte de Kintner, el niño de la colchoneta. El crío debía sumergirse mientras un cañón de aire expulsaba a su lado agua y sangre, pero los nervios traicionaban al pequeño y siempre quedaba a flote. Al final decidieron que un submarinista tirará de él hacia abajo y le suministrara oxígeno para que no se ahogase. La escena salió como esperaban, aunque, en realidad, para Spielberg la muerte del niño no era lo esencial: «La muerte del pequeño Kintner y toda la paranoia, la tensión y el suspense que llevan al ataque en sí cuando está en la colchoneta, yo tenía la idea de hacer todo eso en una toma [...] Se me ocurrió la idea de que bañistas con trajes de baño de distintos colores pasaran por delante de la cámara y nos impidieran ver a Roy Scheider, y lo mismo en sentido contrario, moviéndose en la otra dirección, le taparían lo que está mirando, con lo cual, aunque no fuera una sola toma, daría una sensación más global, y un punto de vista más claro de quién estaba mirando a quién, que todo tenía que ser desde el punto de vista del jefe de policía. La escena es sobre él, sobre su reacción. No trata sobre la muerte del pequeño Kintner, es sobre el jefe de policía, su miedo al agua, su responsabilidad de proteger a la población, su temor a que haya un tiburón en el mar, porque sabe que está ahí, pero la gente se baña de todas formas».

Para el ser humano el mar es un hábitat en parte desconocido, y todo lo ignoto nos atrae y produce temor a partes iguales. De eso se aprovecha *Tiburón*, y el guionista Carl Gottlieb lo explica con suma claridad: «Pensé que teníamos la oportunidad de hacer una película en la que el mar iba a ser lo que la escena de la ducha fue para *Psicosis*, en cuanto a que afectaría a una generación con una especie de temor por el agua. Aún hoy, cuando la gente se entera de que trabajé en el guion de *Tiburón* y me lo comentan, lo primero que dicen es: "Aquel verano no fui a bañarme" o "El agua me da miedo desde aquella película". [...] Ha pasado a formar parte de la cultura popular».

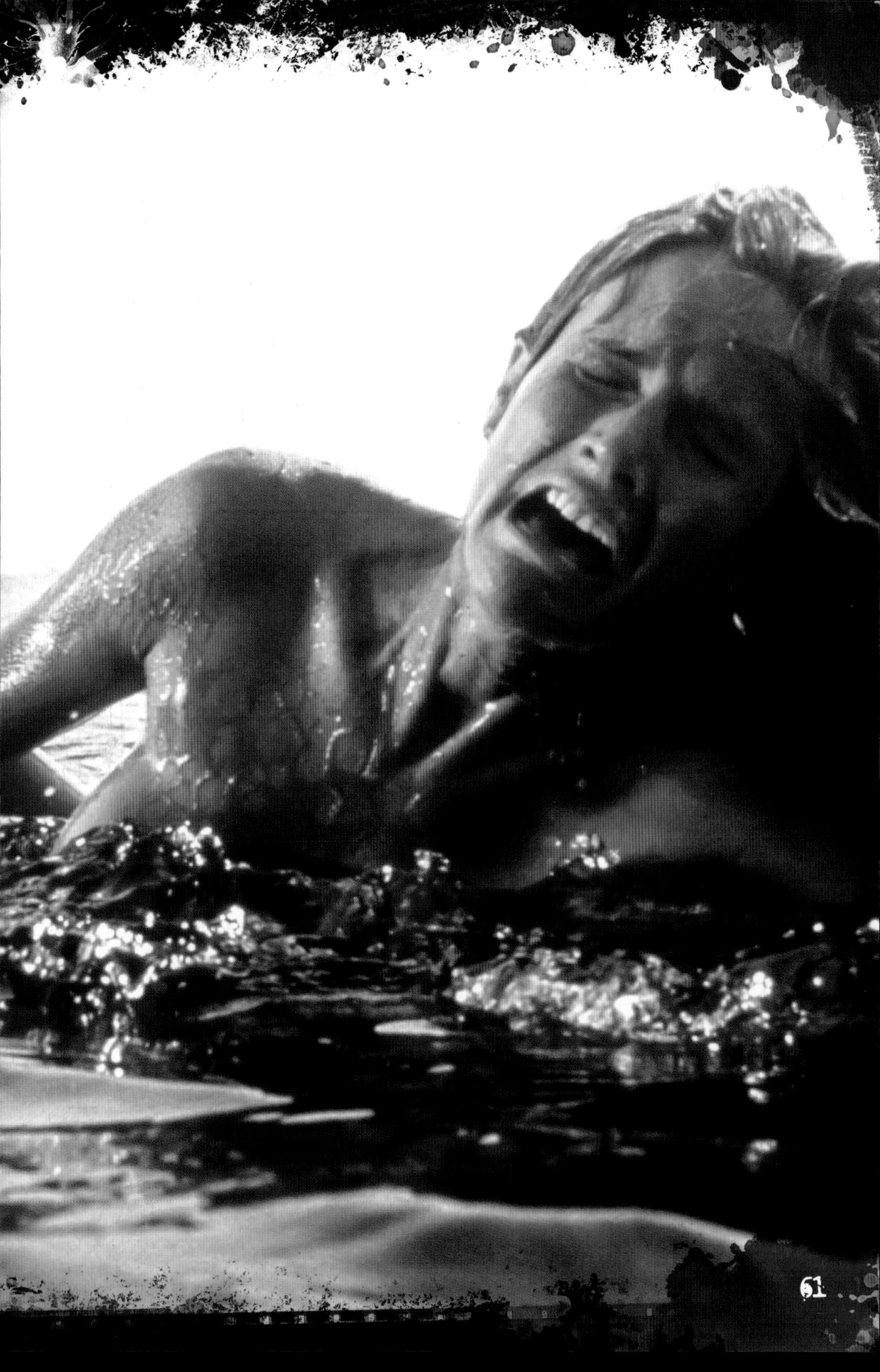

LA MARCA DE LA BESTIA

LA PROFECÍA

The Omen. 1976. Estados Unidos. Director: Richard Donner. Reparto: Gregory Peck, Lee Remick, Harvey Stephens. Género: Terror. Intriga. Duración: 111 min.

POSPONIENDO PROFECÍAS

El embajador Robert Thorn y su esposa Katherine están a punto de tener un hijo, pero el bebé muere al nacer, y Robert —malaconsejado por un cura— decide no contárselo a su esposa y lo sustituye por un huérfano al que ponen el nombre de Damien. La familia Thorn es feliz durante los primeros años del niño, pero al cumplir los cinco, varias extrañas muertes empiezan a producirse en su entorno, y todo señala a que Damien esconde un espantoso secreto que podría condenar a la humanidad.

Título imprescindible de la década de los setenta, *La profecía* es la suma del esfuerzo y el talento de todo un equipo que remó para conseguir un clásico del cine de terror. Sus escenas icónicas, sus exquisitas interpretaciones y la poderosa banda sonora son patrimonio artístico del género... Y eso que estuvo a punto de no llevarse a cabo, pues el guion del filme fue rechazado por la mayoría de productoras de Hollywood, y la única que parecía interesada —Warner Bros— quería hacer una película muy diferente de la que realmente se hizo.

GÁRGOLAS Y AQUELARRES

La película iba a ser dirigida por Chuck Bail —que ese año finalmente rodó *Locos al volante*—, quien tenía en mente incluir gárgolas, aquelarres y brujería. Antes de que el proyecto saliese adelante, el guion cayó en manos de Richard Donner, un joven director procedente de la televisión que conocía a Alan Ladd Jr., el mandamás de Fox. La película ya

había sido rechazada por Fox, pero Donner estaba encantado con la historia, y en una cena le paso el manuscrito a Ladd. A los pocos días, Fox adquirió los derechos, y Donner tuvo muy claro que no quería satanismo y brujas en su argumento: «Si es real, será creíble —comenta Donner—. Nunca me planteé *La profecía* como una película de terror. Pensé que, si me la planteaba como tal, no querría hacerla. Y, si se la proponía a los actores, no la harían. La concebí como un filme de misterio y suspense». *La profecía* se rodó en Inglaterra, y la participación de un gigante como Gregory Peck en el papel del padre de Damien fue esencial para atraer a otros grandes actores del momento, como Lee Remick, Billie Whitelaw o David Warner. Para la elección del papel de Damien, el director pidió a cada niño del interminable *casting* que le atacara sin miramientos. Donner buscaba que esos jovencitos le enseñaran si tenían un lado oscuro en su interior, por lo que primero los provocaba y después gritaba «acción». El elegido fue Harvey Stephens que, como una fiera, propinó varios golpes en la entrepierna de Donner, y que siguió atizándole incluso después de que el director dijera «corten». El realizador no dudó en escoger al chico, al que tuvieron que teñir el pelo de negro porque era rubio: «No me gustaría que fuera mi hijo», afirmaría después el director.

RIESGOS LABORALES

El senador Thorn ha descubierto que su hijo es el anticristo, y sabe que la única manera de matar a Damien es llevarlo a tierra consagrada y clavarle siete dagas que acaba de conseguir en Megido, Israel. Thorn se niega a realizar tamaño acto, y mientras camina por una calle del país asiático discute con su único aliado, el fotógrafo Keith Jennings: «No tendré nada que ver con el asesinato de un niño. Él no tiene la culpa, no lo haré», protesta Thorn, y en un arrebato de ira coge las dagas envueltas en una tela y las arroja lejos de sí. Keith le mira estupefacto, y se vuelve para recoger las únicas armas capaces de destruir al diablo;

«Bueno, si tú no puedes hacerlo, lo haré yo», contesta el fotógrafo. Las dagas han caído en el recinto de una obra; Keith entra y se agacha sobre un montículo de arena. A su alrededor se amontonan varios sacos de cemento, y a su espalda hay una ventana que pertenece a un piso a medio construir. Calle arriba, el conductor de un camión de la obra se baja del vehículo, con tan mala suerte que quita el freno de mano. El camión empieza a bajar la calle marcha atrás, cada vez más deprisa; vemos que el cargamento del remolque consiste en una lámina de vidrio. Keith, absorto en su búsqueda, no se da cuenta de que el vehículo se dirige hacia él a gran velocidad. El fotógrafo levanta la vista demasiado tarde, aunque antes de que el vehículo lo atropelle, este choca contra un bloque de cemento y se detiene en seco; el enorme impulso hace que la lámina de cristal se desprenda y salga disparada, decapitando a Keith limpiamente y estrellándose contra la ventana que hay detrás. La cabeza del fotógrafo, con la boca abierta y los ojos todavía sorprendidos, observan su reflejo en un pedazo de cristal.

AUNQUE TE TAPES LOS OJOS

Difícil de olvidar una secuencia que ha querido ser imitada en multitud de ocasiones, sin que nunca se haya llegado a ese nivel de perfección estética. En un primer momento, se pensó que la lámina cayese desde lo alto de un edificio, aunque enseguida se descartó, porque al descender iba contra el viento y se ponía en horizontal. Entonces tuvieron la ocurrencia de realizar la decapitación en horizontal a través de un camión del que se soltaba la plancha. Como no había presupuesto para repetir la toma, Donner rodó con todas las cámaras que había en el estudio: «Teníamos seis o siete cámaras filmando. Yo rodaba con una. **Y, cuando el vidrio se desprendió y decapitó al muñeco, la cabeza comenzó a girar a la inversa, casi como una bola de billar».** La escena era impresionante, terrible, salvo que Donner fue más allá, quería acongojar todavía más al público. Reflexionó sobre el tiempo durante el cual el espectador se asusta y mantiene tapado su rostro ante una imagen impactante: «Hay escenas en las que se condiciona al público, sobre todo si algo es espeluznante, para que aparte la mirada [...] El público suele mirar después del tres, así que —el director se tapa los ojos— es "y uno, y dos, y tres", y se acabó —dice apartando las manos—, así es como habíamos montado esta escena. Entonces la montamos de nuevo, e hicimos "y uno, y dos, y tres,

y cuatro, y cinco", y la cabeza seguía rodando. Así que, cuando contaban hasta tres, y pensando que ya no aparecía más, miraban y la cabeza seguía ahí; un chillido colectivo surgía de la nada, la cabeza aterrizaba, y la música era perfecta».

LA MISA NEGRA

Probablemente, sin la banda sonora de Jerry Goldsmith, *La profecía* sería una película un poco menos terrorífica. Los momentos clave del filme ganan peso gracias a la partitura de Goldsmith: «Empecé a pensar en

el carácter demoníaco de la película —comenta el compositor—, y hablé con el director del coro que iba a usar en Londres. Era lingüista en latín, o sea que sabía el idioma [...] Empezamos a hablar y tuve esa idea: "Un momento, ¿por qué no lo hacemos como una misa negra?". Dije: "Dime algunas frases de la misa", y empezó a decirme algunas palabras. "¿Y si las cambiamos?", dije. "En vez de invocar a María, invoquemos a Satanás". Dijo: "Eso es Ave Satani", y dije: "Excelente título"». Y de esa forma surgió el canto gregoriano más escalofriante de la historia del cine. Después Goldsmith fue creando la música de cada escena, como la canción de amor para los pasajes íntimos de los Thorn o la del ataque de los perros en el cementerio. En una de las más recordadas —la escena en la que los Thorn van a la iglesia en coche y, a medida que se acercan, Damien se va alterando—, Goldsmith se basó en los sonidos básicos que John Williams usó para la música de *Tiburón*, consiguiendo que la escena estuviera cargada de una tensión creciente que estallaba cuando Damien atacaba con furia a su madre adoptiva, para así no tener que entrar en el santuario de su más odiado enemigo.

¿Sabías qué...?

El final original de la película era bastante ambiguo, pues en la secuencia del cementerio se podían ver tres tumbas: las de los Thorn más la de Damien, que supuestamente había sido asesinado por su padrastro. Después de ver la película, el productor Alan Ladd sugirió a Richard Donner que el niño sobreviviera. Al director le pareció bien, de tal forma que la escena comienza con dos ataúdes, y después vemos a Damien mirando a la cámara con esa mirada diabólica inolvidable. Dicho cambio abrió la puerta para las secuelas que vendrían, pero eso ya es otra historia.

¿QUIÉN PUEDE MATAR A SU HERMANA?

LA NOCHE DE HALLOWEEN

Halloween. 1978. Estados Unidos. Director: John Carpenter. Reparto: Jamie Lee Curtis, Donald Pleasance, Nancy Loomis. Género: Terror. Slasher. Duración: 93 min.

TÍTULO PIONERO

En la apacible localidad de Haddonfield, Illinois, un niño de seis años llamado Michael Myers mata a cuchilladas a su hermana durante la noche de Halloween. Quince años después, de nuevo en la víspera de la Noche de Brujas, Michael escapa del psiquiátrico donde fue internado y vuelve a su hogar. Uno de los médicos que le atendió, el doctor Loomis, va tras su pista, convencido de que Michael es un psicópata dispuesto a cometer una masacre entre sus vecinos.

La noche de Halloween logró un éxito que sorprendió a propios y extraños. Nadie esperaba que una producción independiente con el ridículo presupuesto de 300.000 dólares lograría ser la serie B más rentable de la historia del cine, alcanzando una recaudación de setenta millones de dólares (posteriormente fue desbancada por *El proyecto de la bruja de Blair*, 1999). Además, **la cinta de John Carpenter es el *slasher* definitivo, o lo que es lo mismo, la película de jovencitos masacrados ideal para ver una noche de difuntos.**

La premisa del filme surgió de la mente de Irwin Yablans, productor ejecutivo independiente que imaginó que una película de bajo presupuesto sobre unas niñeras en peligro podría funcionar, y determinó que sería perfecto que la historia transcurriese en una sola noche. ¿Y qué noche más especial que la de Ha-

lloween? Después de sopesarlo, a Yablans no le pareció tan buena idea, porque seguro que había alguien que ya había usado ese concepto o el nombre de esa famosa festividad para el título de una película: «Lo mágico fue que aprendí que la palabra Halloween, por mucho que investigamos, no solo no se había usado, sino que incluso la palabra no se había utilizado como parte de otro título en la historia de la industria del cine».

VAQUERO ESQUIZOFRÉNICO

Con este planteamiento, el productor se puso en contacto con un joven y talentoso director que venía de rodar una sugestiva serie B titulada *Asalto a la comisaría del distrito 13* (1976). Cuando Yablans propuso a John Carpenter realizar una película de terror sobre un psicópata que acosa a unas niñeras, el director solo puso dos condiciones: tener el control creativo completo sobre el filme, y que pusiera su nombre sobre el título de la película. Yablans accedió, y Carpenter trabajó el guion junto a su productora, Debra Hill. Para la creación del asesino, el director creyó que sería interesante elevar al personaje de Myers a un estado mítico, hacerlo como una fuerza imparable, algo que no se detuviera ante nada. Después le vinieron dos imágenes. La primera pertenecía a una muy recomendable película de ciencia ficción dirigida por Michael Crichton, *Almas de metal* (1973), en la que Yul Brynner era un robot asesino vestido de vaquero que no podía ser destruido, y la segunda concernía a una vivencia del propio director: «Cuando estaba en la universidad tenía una clase de psicología o algo así, y visitamos una institución mental, eso fue en Kentucky, nos llevaron al pabellón de enfermedades mentales graves, y había un niño de doce o trece años, y literalmente tenía esa mirada, la que describí para que Donald Pleasance la dijese en la película». Y lo que decía el doctor Loomis era lo siguiente: «Conocí a este niño de seis años con su inexpresiva y pálida cara, y con los ojos en blanco. Los ojos del diablo. Pasé ocho años intentando llegar a él, y otro siete intentando que le dejaran encerrado, porque me di cuenta de que lo que había tras los ojos de aquel niño era pura y simplemente maldad». Carpenter reflejaba en dicha frase cómo le horrorizó la mirada esquizofrénica de aquel niño, una expresión de alguien completamente loco. Así, las dos imágenes juntas, más el contexto sobrenatural de Halloween, dieron como resultado la figura de Michael Myers, el mal absoluto.

SILENCIO: GENIO RODANDO

De una excelente obra como *La noche de Halloween* se pueden elegir varias escenas: las del acoso de Michael a Laurie del principio —tremenda Jamie Lee Curtis—, las referidas a los asesinatos —momento de la lápida incluido—, o la última del filme, con un cierre magistral «marca Carpenter». De todas ellas, la que mejor describe el genio de su director es la que abre la película.

Después de la aparición de un rótulo que nos sitúa en Haddonfield durante la noche de Halloween de 1963, escuchamos a unos niños entonando una típica tonadilla de esa celebración. Contemplamos la fachada de una vivienda de dos pisos, y como si nosotros fuéramos la cámara, nos aproximamos a la casa y detenemos nuestros pasos al oír a una joven pareja hablar detrás de la puerta de la entrada. Una voz femenina comenta que sus padres no llegarán hasta las diez. Rodeamos el edificio, y desde una ventana lateral vemos al chico y a la chica besándose en un sofá. Tienen la casa para ellos durante un rato, así que se levantan y suben por unas escaleras. De inmediato, retrocedemos y observamos una ventana de la primera planta con la luz encendida; cuando esta se apaga, volvemos a rodear la fachada y entramos por una puerta que hay en parte posterior de la casa. Se enciende la luz de la cocina, abrimos un cajón y sacamos un largo cuchillo. Llegamos a la habitación del sofá, y desde allí vemos al joven mientras se despide de su chica y sale por la puerta. Empezamos a subir al piso de arriba, nos encontramos una máscara de payaso en el suelo, la agarramos y nos la ponemos. En la habitación de la adolescente hay ropa tirada por el suelo. De espaldas a nosotros, la joven tararea una canción y se peina delante de un

espejo. Cuando, sorprendida, se da la vuelta, nos llama por el nombre de Michael, pero no tiene margen para decir nada más, porque nuestro cuchillo se clava una y otra vez sobre su cuerpo. Una vez muerta, bajamos las escaleras y salimos a la calle. Un coche aparca delante nuestro. Un hombre y una mujer bajan del vehículo; él pregunta: «¿Michael?», y nos retira la máscara. Descubrimos a quién pertenecía nuestro punto de vista: un niño de seis años, que, disfrazado de payaso, sujeta el cuchillo ensangrentado con el que acaba de quitar la vida a su hermana, Judith Myers.

SED DE MUERTE

Como buen amante del cine, Carpenter es un creador influenciado por directores anteriores a él, y de Orson Welles siempre le cautivó el plano secuencia de *Sed de mal* (1962). El plano secuencia es un plano sin cortes que abarca una secuencia completa, y que suele incluir movimientos de cámara, bien con grúa o a través de un trávelin (técnica que consiste en desplazar una cámara sobre ruedas). Para *La noche de Halloween* el director quiso imitar el famoso plano secuencia de Welles, pero halló un inconveniente: «Físicamente, cuando haces un trávelin toma mucho tiempo, tienes que construir un carril y poner la cámara en una plataforma rodante, haces que unas personas la empujen…, lleva tiempo y no lo tenemos en una película de bajo presupuesto». Entonces descubrió una nueva cámara llamada steadicam, una cámara giroscópica que permitía estabilizar la imagen para que no se produjeran movimientos bruscos, y que un solo operador podía llevar sujeta al cuerpo para caminar, correr, etc. Aunque la steadicam se había probado

con anterioridad en *Rocky* (1976), fue en *Halloween* donde se comprobó el enorme potencial que era capaz de ofrecer, pues realmente da la sensación de que la cámara son los ojos de Michael Myers, y a su vez los del espectador. Pese a la aparente sencillez de la secuencia, durante el rodaje surgieron dos complicaciones: el operario de cámara se las vio y deseó para subir y bajar las estrechas escaleras de la casa, y para el instante en el que Michael coge el cuchillo, Carpenter y compañía decidieron

que rodar con un niño podría robarles tiempo, y fue la productora Debra Hill la que gustosamente ofreció su mano para tomar el utensilio de cocina. Como su mano era de tamaño reducido, apenas se notó la diferencia. Como apuntes finales, señalar que Carpenter ofreció dos homenajes por uno, pues el asesinato de la hermana recuerda mucho al de la ducha de *Psicosis*, y porque finalmente sí pudo rendir tributo a su idolatrado Orson Welles, y lo hizo usando una grúa para el plano en el que se descubre que el asesino es el pequeño Michael. La cámara se aleja del niño, y después coge altura para que veamos la casa y el barrio. Una toma digna de *Sed de mal*.

¿Sabías qué...?

Hasta la fecha, *La noche de Halloween* ha contado con doce secuelas. La segunda parte continua la historia donde terminó la anterior, y hubiera sido un buen cierre para Michael, Laurie y el doctor Loomis, pero los personajes serían retomados en la correcta cuarta parte, después de una curiosa tercera entrega en la que el asesino no salía por ningún lado. Las siguientes películas irían perdiendo gas —solo salvaría *Halloween H20: Veinte años después* (1998)— hasta que el director Rob Zombie redefinió al personaje en *Halloween* (2007), con una versión más salvaje de nuestro querido Michael. Zombie repitió dos años después, y en 2018 la saga regresaba al principio con *La noche de Halloween*, un ilusionante renacer que borraba todas las secuelas menos la original, y en el que se volvía a dar el protagonismo a Jamie Lee Curtis. Desgraciadamente, tanto *Halloween Kills* (2021) como *Halloween Ends* (2022) resultaron fallidas, y la despedida de Curtis de su personaje resultó un tanto agridulce.

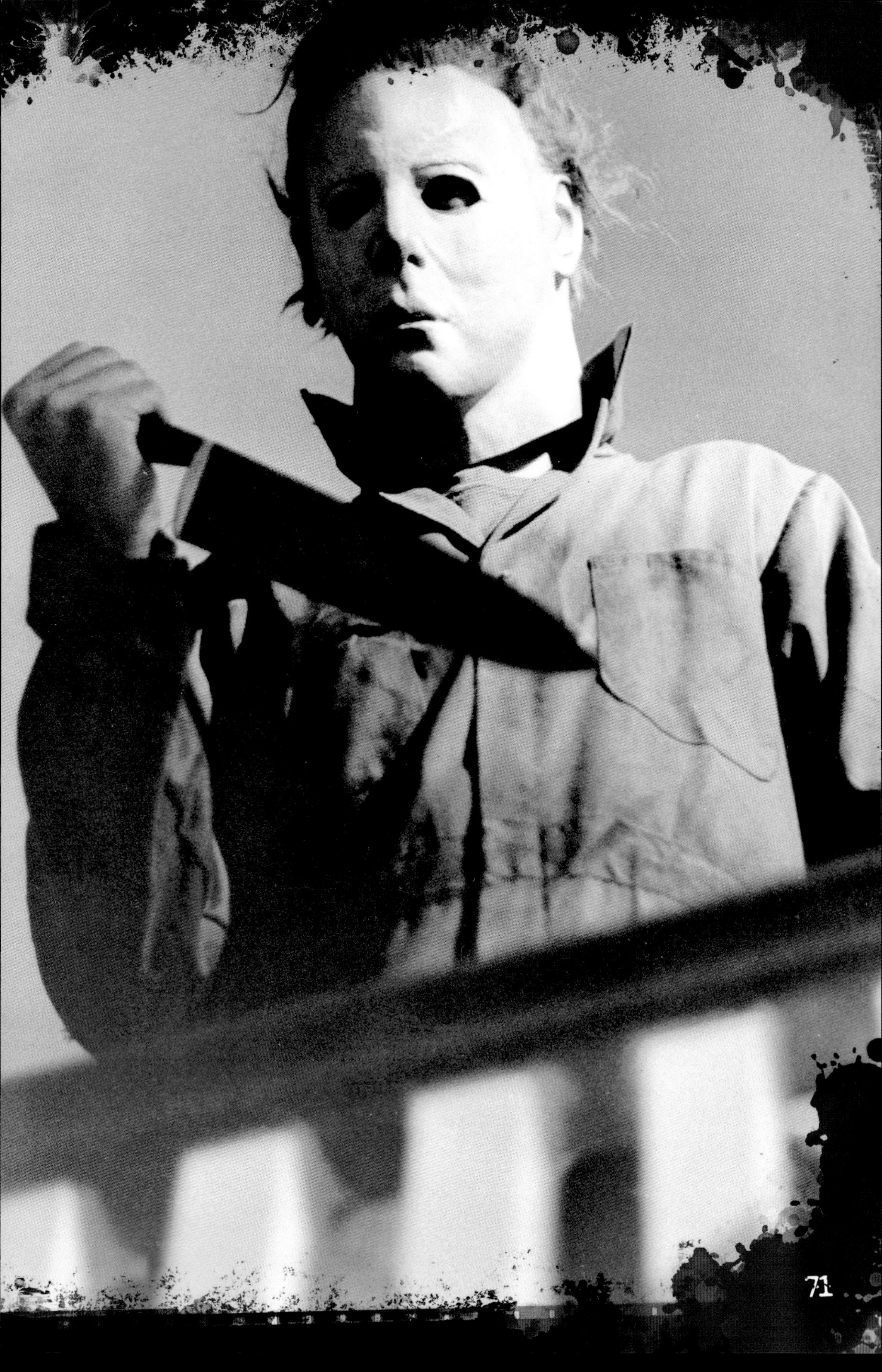

POLIZÓN A BORDO

ALIEN, EL OCTAVO PASAJERO

Alien. 1979. Estados Unidos. Director: Ridley Scott. Reparto: Sigourney Weaver, John Hurt, Yaphet Kotto. Género: Terror. Ciencia ficción. Extraterrestres. Duración: 116 min.

UN BICHO QUE NO PASA DE MODA

De regreso a la Tierra, el carguero espacial *Nostromo* recibe una alerta de auxilio de un planeta perteneciente a un sistema solar cercano. La computadora de la nave despierta a la tripulación de su sueño criogénico, y cuando varios de sus miembros bajan al planeta en

una misión de rescate, descubren una enorme nave alienígena con todos sus habitantes aniquilados. Sin embargo, encuentran rastros de vida, y Kane, oficial de la *Nostromo*, es infectado por un parásito extraterrestre que se adhiere a su rostro; tratando de salvarle la vida, sus compañeros le llevan de vuelta al carguero, pero no pueden ni imaginar que hay algo creciendo dentro del cuerpo del oficial, y que no tardará en salir a la luz.

Hay obras maestras de la historia del cine que no resisten el peso del tiempo, y son menos aun las que pertenecen al género de la ciencia-ficción. Las naves, los decorados o los efectos especiales suelen quedar obsoletos a los pocos años de estrenarse. No es el caso de *Alien, el octavo pasajero*, que sigue viéndose como una película moderna; y a ello contribuyó de manera decisiva la enorme labor de producción, que consiguió plasmar un futuro cercano lo más creíble posible, y que todo lo relacionado con la cultura y fisionomía del alien resultara extraño y a la vez familiar.

CARPENTER Y SU PELOTA DE PLAYA

¿Cómo se crea una película tan original como *Alien*? El escritor Dan O´Bannon fue el que tuvo la primera idea. A principios de la década de los setenta, O´Bannon guionizaba cómics y estudiaba en la universidad, donde conoció a John Carpenter, el futuro director de títulos como *La cosa*. Por entonces Carpenter preparaba *Dark Star* (1974), su primera película, y preguntó a O´Bannon si quería participar como actor. La cinta era una comedia de ciencia ficción con escaso presupuesto en la que cuatro astronautas atrapados en una nave se enfrentaban a un agresivo alienígena. O´Bannon también ayudó en la producción, y se quejó con amargura a Carpenter del aspecto del extraterrestre, que era, literalmente, una pelota de playa con dos patas. Acabado el rodaje, decidió hacer su propia versión terrorífica de aquella historia, pero mientras escribía sufrió un bloqueo creativo y tuvo que pedir ayuda al guionista Ronald Shusett, al que le causó una gran impresión leer lo escrito por su compañero. En ese momento, O´Bannon fue contratado para trabajar en el guion de una adaptación de *Dune* dirigida por Alejandro Jodorowski, y allí conoció al artista H. R. Giger (que a la postre sería el diseñador del alien). Pero la producción fue cancelada por falta de financiación, y O´Bannon, muy ilusionado con el proyecto, sufrió una crisis nerviosa, estuvo ingresado y después se quedó en la calle. Ahí entro de nuevo Shusett, que le acogió en su casa y le ayudó a terminar el guion que había dejado a medias. Lo titularon *Star Beast*, más tarde conocido como *Alien*.

LA MÁQUINA DE MATAR PERFECTA

El guion fue posteriormente reescrito por el prestigioso director Walter Hill y por el escritor David Giler, y a los autores originales se les contrató para trabajar como consultores de diseño. Así consiguió O´Bannon que el alien —también llamado xenomorfo— fuera diseña-

do por H. R. Giger, un autor muy personal que creó todo un universo alienígena original, macabro e impactante, y que hace de *Alien* una película muy distinta a otras producciones del mismo género. Para la dirección se contó con Ridley Scott, director emergente que venía de rodar su ópera prima: *Los duelistas* (1977). **El rodaje fue un infierno, el presupuesto era insuficiente, y tenían que grabar a contrarreloj en decorados oscuros y estrechos.** Los actores cargaban con trajes asfixiantes y los productores no estaban contentos con nada. En más de una ocasión el perfeccionista realizador perdió los nervios, pero la película llegó a buen puerto, y todos supieron que habían participado en algo muy especial: ahí estaba la espectacular *Nostromo* diseñada por Ron Cobb, los trajes creados por el dibujante Moebius, la criatura de Giger, el talento visual de Scott y un reparto equilibrado y muy compenetrado, con Sigourney Weaver, Tom Skerritt y John Hurt a la cabeza.

EL REVIENTAPECHOS

Cuando Walter Hill leyó el guion de *Alien* por primera vez dijo lo siguiente: «Puede que me esté volviendo loco, este guion es malísimo, pero tiene una escena realmente buena...». ¿Adivinas a qué escena hacía alusión?

La tripulación de la *Nostromo* ha conseguido separar la criatura parasitaria del rostro de Kane sin que este sufra daños aparentes. Después de un descanso, el oficial se reúne con el resto de sus compañeros en el comedor y se sienta a tomar algo. Reina el buen ambiente y Kane confiesa que tiene mucho apetito. A su lado, Parker bromea: «Prefiero no pensar de qué está hecha la comida, porque si no, no la probaría». Kane empieza a toser y Parker le quita hierro al asunto: ¿Qué te pasa, muchacho? La comida es mala pero no es para tanto». Ahora Kane parece atragantarse, se tumba sobre la mesa y su cuerpo se retuerce y sufre convulsiones. Sus compañeros le sujetan e intentan colocarle algo en la boca para que no se muerda la lengua. Mientras forcejean con él, de pronto su pecho se raja y expulsa un chorro de sangre. Durante un instante Kane deja de moverse, pero

enseguida vuelven las sacudidas y, cuando vuelven a agarrarle, la caja torácica del oficial revienta y de allí surge un pequeño bicho ensangrentado. Es un ser alienígena, con una cabeza apepinada y una cola que se desenrosca a su alrededor. La tripulación no puede creer lo que ven sus ojos. La criatura mira a su alrededor y, cuando Parker se dispone a atacarlo, interviene Bishop, el oficial médico, y le pide que no lo toque. El alien abre una diminuta boca de dientes plateados, suelta un chillido inhumano, y sale corriendo, deslizándose por la mesa y desapareciendo de la vista de sus estupefactas futuras víctimas.

SORPRESA, SORPRESA

El director pretendía que la reacción de los actores ante ese horripilante momento fuera lo más natural posible, así que les ocultó un pequeño detalle: «Aquella mañana había un ambiente especial en el plató —comenta el actor John Hurt—, porque todos sabíamos que era una gran escena, aunque no teníamos ni idea que se convertiría en un clásico. Se divulgó mucho la idea de que el reparto no sabía qué iba a ocurrir. Naturalmente, sabíamos que el alien aparecería así. Lo que no imaginábamos era que se usarían pequeños explosivos, y que, cuando apareciera, se produciría una fuerte explosión y acabaríamos cubiertos de sangre».

La preparación de la escena se produjo de la siguiente manera: primero usaron la mesa redonda de la cocina para clavar un pecho artificial, y colocaron a John Hurt debajo de la mesa, de forma que solo sobresaliese su cabeza y sus brazos. Después entró en escena un técnico que llevaba al pequeño alien como si fuera una marioneta, y que se colocó bajo la mesa para sacar al bicho a través de la camisa del pecho artificial: «Le hicimos unos cortes muy sutiles a la camisa para que el alien la rasgara fácilmente —explica Ridley Scott—, porque solo haríamos una toma. Saldrían chorros de sangre de unas bombas de alta presión. Habría sangre por todas partes». Para dar mayor veracidad al conjunto, el realizador encargó vísceras, despojos y sangre para meterlos dentro del pecho artificial. La explosión

provocó que todos esos restos salpicasen a los actores, cuya reacción fue de estupefacción y sorpresa, sobre todo en el caso de Veronica Cartwright: «Todos estábamos inclinados, mirando… Y de repente apareció esa cosa. Era la primera toma, con la reacción de todos. Cuando surgió esa cosa, me dispararon una bolsita entera de sangre. Fue como si me golpeara un chorro de sangre. Me quedé tan horrorizada que tropecé con una banqueta, me caí de espaldas y quedé patas arriba con las playeras. Me giré y vi que seguían rodando. Tuve que levantarme y seguir actuando».

ALIEN A LA CARRERA

La opinión del reparto fue unánime: la filmación de aquella escena no fue precisamente agradable, entre la sangre y el insoportable hedor que emanaba de las tripas que habían traído de un matadero. La parte final de la secuencia, cuando el alien desafiaba a los humanos y después salía corriendo, la grabaron a continuación. Roger Dicken, el creador del pequeño alien, lo manejó con un palo y movió su boca mediante unos cables para que gruñera. Después Dicken volvió bajo la mesa, pero esta vez subido a un carrito con ruedas. La mesa estaba partida en dos, dejando un espacio de unos veinte centímetros; de ese modo, el técnico movía la marioneta del alien, mientras al otro extremo de la mesa otro operario tiraba del carrito con una cuerda para que Dicken y el bicho se desplazaran: «Apareció esa cosa tan genial y nos quedamos… viendo cómo se alejaba —dice Sigourney Weaver—, porque estábamos alucinados de lo bien hecho que estaba. Parecía estar viva y todos nos quedamos horrorizados». Fue el toque final para una de las secuencias más recordadas del cine que, con el tiempo, recibió el nombre de «reviantapechos», por cuestiones obvias.

¿Sabías qué...?

El actor John Hurt hizo una parodia de la escena revienta-pechos en *La loca historia de las galaxias* (1987), de Mel Brooks. Una vez que la criatura salía del pecho, el actor gritaba: «¡Otra vez no!».

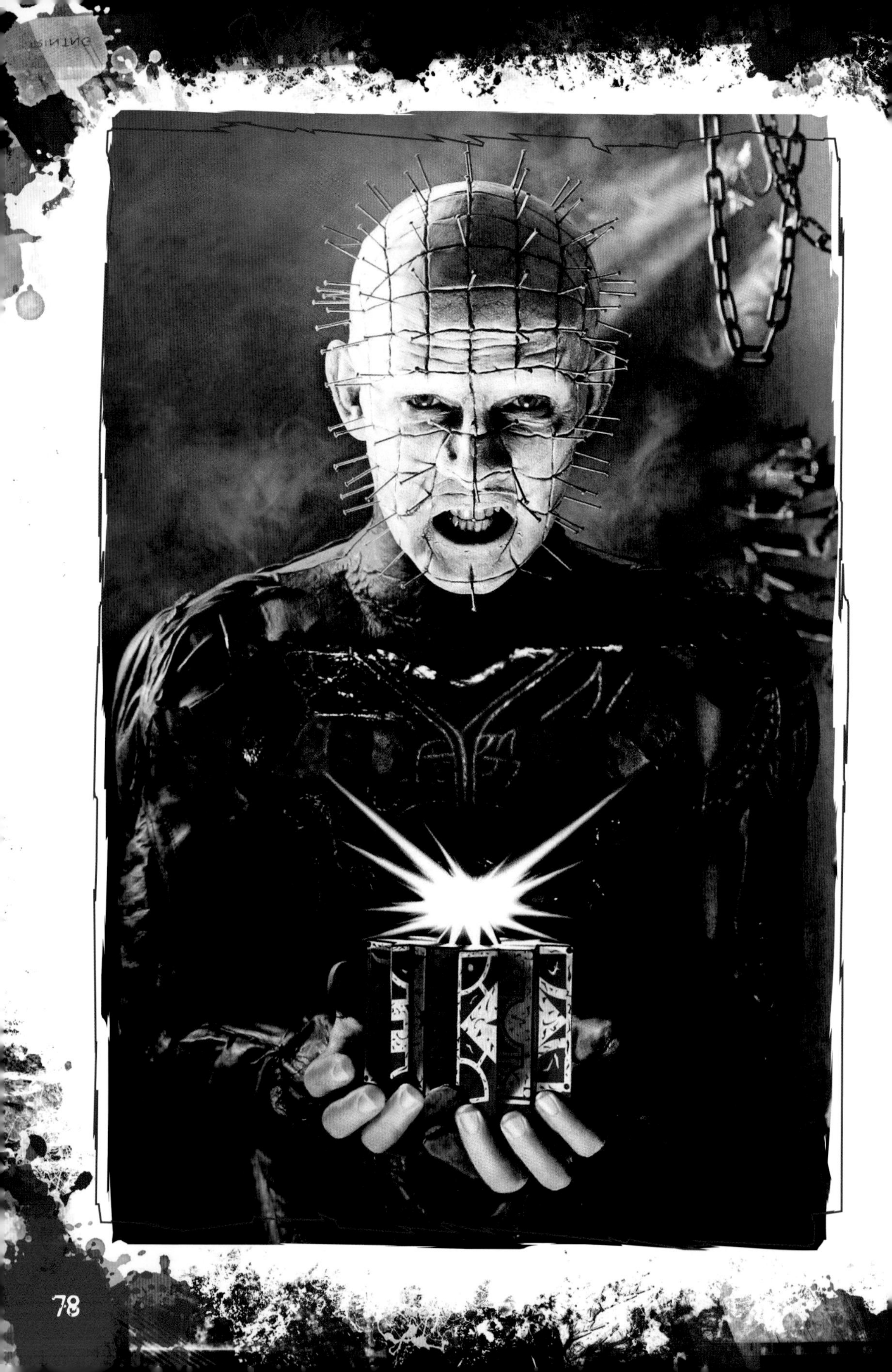

DÉCADA DE LOS OCHENTA

Con el creciente éxito de franquicias como *Viernes 13* o *Halloween*, se cerró una etapa brillante de terror adulto en el cine, y se entró en una diseñada para atraer al público joven a las salas. Sesos e higadillos rebosaban dentro de las cintas de VHS, y de las estanterías de los videoclubs te saltaban encima adaptaciones del universo de Lovecraft (*Re-animator*, 1985), series Z (*El vengador tóxico*, 1984) o copias italianas de películas famosas (*Alien 2: Sobre la tierra*, 1980). Asimismo, varios directores que empezaron su carrera en la década anterior, como John Carpenter, Tobe Hooper o George A. Romero, realizaron algunas de sus mejores locuras durante esos años: *La cosa* (1982), *Poltergeist* (1982), *Pesadilla en Elm Street* (1984) o *El día de los muertos* (1985) se sumaron a destacables producciones de nuevas promesas, como Sam Raimi (*Posesión infernal*, 1980), Joe Dante (*Aullidos*, 1981), John Landis (*Un hombre lobo americano en Londres*, 1981), Clive Barker (*Hellraiser*, 1987) o Peter Jackson (*Mal gusto*, 1987). A estos hay que agregar al brillante David Cronenberg, realizador canadiense cuyos primeros trabajos llamaron la atención de Hollywood, y que terminó alternando obras en su país (*Videodrome*, 1983) con películas norteamericanas (*La mosca*, 1986). A este lado del charco, Dario Argento continuó demostrando su genio con *Tenebre* (1982) y *Phenomena* (1985), y otros creadores italianos, como Lamberto Bava (*Demons*, 1985) o Michele Soavi (*Aquarius*, 1987), aspiraron a heredar el trono de sus maestros, pero el puesto les vino muy grande.

LO QUE LA BRUMA ESCONDE

LA NIEBLA

The Fog. 1980. Estados Unidos. Director: John Carpenter.
Reparto: Adrienne Barbeau, Jamie Lee Curtis, Tom Atkins.
Género: Terror. Sobrenatural. Fantasmas. Duración: 87 min.

NIEBLA EN STONHENGE

Han pasado cien años desde que el Elizabeth Dane naufragara en la costa de la localidad de Antonio Bay. Cuenta la leyenda que una extraña niebla pudo ser la causante de la tragedia del barco, pero otros rumores afirman que la embarcación venía cargada de oro, y que los lugareños engañaron a la tripulación encendiendo hogueras para que la nave naufragase y así poder robar el botín. Ahora que se cumple el aniversario de aquel funesto suceso, una espesa niebla proveniente del mar se aproxima a tierra firme, y no viene sola.

Considerada un clásico de culto, *La niebla* fue dirigida por John Carpenter tras el éxito de *La noche de Halloween*. El realizador neoyorkino y su productora, Debra Hill, buscaban hacer una cinta de terror diferente a la anterior, y una bombilla se iluminó encima del director durante una visita que ambos realizaron al monumento megalítico de Stonehenge. Hill cuenta que aquel día se encontraron una espesa niebla sobre los campos y los pantanos: «Había un banco de niebla que palpitaba como si estuviese vivo, y John dijo: ¿"Qué crees que tiene dentro"?».

VENGANZA DE ULTRATUMBA

A partir de ahí se les ocurrió escribir una historia de espectros vengativos: «*La niebla* se inspira en los cómics que me encantaban en los años cincuenta de EC cómics: *Los cuentos de la cripta* o *La*

bóveda de los Horrores —explica Carpenter—, siempre tenían esos cadáveres putrefactos alzándose y vengándose de alguien». Carpenter también imaginó que la niebla fuera un ser vivo tan amenazador o más que los espectros: «Algo es mucho más aterrador si no puedes darle forma [...] La idea de un enemigo anónimo y amorfo contra quien no podemos luchar era aterradora, es algo que nos sobrepasa; se inspira en Lovecraft [...] Siempre habla de algo del más allá, algo sobrenatural, ya sea Dios, una fuerza o una criatura, que solía controlar algo y ahora intenta recuperar el control, y está esperando volver a visitarnos». El director combinó estas dos inspiraciones terroríficas tan diferentes para crear un sombrío cuento de fantasmas en el que —aparte de los sustos y las pinceladas de gore— lo que causa verdadero miedo es contemplar como la misteriosa niebla se acerca lenta e implacable a sus desprevenidas víctimas, cubriendo sus casas, llamando a sus puertas.

ALREDEDOR DE UNA FOGATA

No hay película que se libre de algún contratiempo, y en *La niebla* el principal problema llegó cuando, una vez acabado el filme, se hizo un pase con el primer montaje: «Era horrible. Un bodrio —explica Carpenter— no impactaba en absoluto, no valía para nada [...] Y pensé: "Puedes llorar o intentar arreglarla. Vamos a hacerla bien, a mejorarla. La haremos más aterradora"». Se pusieron manos a la obra y rodaron varias escenas adicionales, la mayoría con más seres de ultratumba y efectos especiales, pero también otras que aumentaban la sensación de incertidumbre y peligro, como una secuencia con fenómenos poltergeist o la que abre la película, donde un viejo marinero —el mítico actor y productor John Houseman— cuenta la leyenda del Elizabeth Dane a un grupo de niños alrededor de una fogata.

De primeras, el marinero nos asusta cerrando un antiguo reloj de bolsillo de forma brusca, y después su voz grave nos introduce enseguida en el terrorífico relato; y es que, según la leyenda, con la llegada de la niebla regresarán a la vida los hombres del Elizabeth Dane que yacen en el fondo del mar, y buscarán la hoguera que les condujo al naufragio. Los niños escuchan al marinero entre fascinados y muertos de miedo y, finalmente, mientras las campanas del pueblo anuncian la medianoche, el anciano recuerda a sus oyentes que comienza

el aniversario del trágico suceso. Es una secuencia evocadora, una de las más memorables introducciones a un filme de terror nunca vistas. Como curiosidad, hay que apuntar que, en los títulos de crédito, el nombre del marinero al que da vida John Houseman es señor Machen, un más que probable homenaje a Arthur Machen, uno de los grandes escritores de literatura fantástica y terror de finales del siglo XIX y principios del XX.

HUID DE LA NIEBLA

Resulta curioso que en otra secuencia ejemplar de *La niebla* también participe la narración. Adrienne Barbeau interpreta a una locutora de radio que emite un programa desde el faro de Antonio Bay. Ella descubre que existe algo maligno en la niebla, y se encarga de ir guiando a los personajes que viajan en coche para que huyan de su presencia. Mientras su voz alerta de las calles por las que el fenómeno meteorológico entra en el pueblo, los personajes van eludiendo el peligro gracias a sus consejos. Pero, como si el destino estuviese

sellado, la locutora conduce a todos ellos a la iglesia de la localidad, el objetivo final de los espectros. Sin necesidad de grandes efectos, con la ayuda de la banda sonora y de una excelente fotografía, el director crea una secuencia de suspense y ritmo excelentes, y el espectador está deseando conocer que será de esos personajes perseguidos por la niebla. Pero, ¿cómo conseguir que una bruma nos haga sentir intranquilos? Para que la escena funcionara, era necesario que la niebla resultase amenazante, tal y como explica Dean Cundey, el director

de fotografía del filme: «Cuando hablamos de la niebla queríamos que fuera un personaje, debía parecer que estaba viva y que podía moverse a conciencia». La niebla se creó con keroseno, agua e insecticida, un compuesto tóxico que ocasionó problemas durante el rodaje; con la intención de que fuera omnipresente, se usaron filtros superpuestos con niebla en los planos generales del pueblo y la costa, y máquinas de niebla para los momentos en los que la bruma se acercaba a los coches. Ocurría que la neblina se dispersaba muy rápido y no se formaba el efecto requerido, así que Carpenter optó por rodar algunos planos a la inversa, —un coche va marcha atrás, y la niebla se disipa, se aleja—, para en el montaje positivarlas en sentido contrario —el coche va hacia delante y la niebla se aproxima al vehículo—. Era un truco sencillo pero muy práctico. También se colocaron focos dentro de la niebla para que diera una mayor sensación de irrealidad, como se puede apreciar en la mayoría de los momentos donde aparecen los espectros.

¿Sabías qué...?

El maestro de los efectos especiales Rob Bottin fue el encargado de interpretar al capitán Blake, el cabecilla de los espectros infernales. Carpenter le aceptó para el papel por su alta estatura, pero debido a que su personaje no habla y apenas se le ve la cara, nadie, ni amigos ni familiares, fue capaz de reconocerlo en la gran pantalla.

DE MAESTRO A MAESTRO

En una producción que tiene en su haber un reparto con Jamie Lee Curtis, Tom Atkins, Hal Holbrook o Janet Leigh, es meritorio que sobresalga la que entonces era pareja del director, Adrienne Barbeau. Ella es el eje de la historia, la primera en percibir el peligro, y la que gracias a su puesto de locutora consigue reunir al grupo de personas en la iglesia. Su personaje transmite fuerza y valor: «En todas las películas de John Carpenter se ve que le gustan los personajes femeninos fuertes —comenta Barbeau—. No la salvan, es ella la que salva a los demás». Durante el desenlace, la locutora también tiene que huir de los espectros subiéndose al tejado del faro, en una secuencia que, según declaraciones del director, homenajea a *Con la muerte en los talones* (1959). El realizador tampoco elude las referencias a *Los pájaros* y al cine de Hitchcock, pues al igual que en aquella, los personajes son aislados y asediados por un enemigo exterior. Para terminar, si alguna vez sales a navegar, recuerda las palabras del personaje de Barbeau en la última secuencia de la película: «A los barcos en alta mar que puedan oírme, oteen el horizonte hacia la oscuridad, huyan de la niebla».

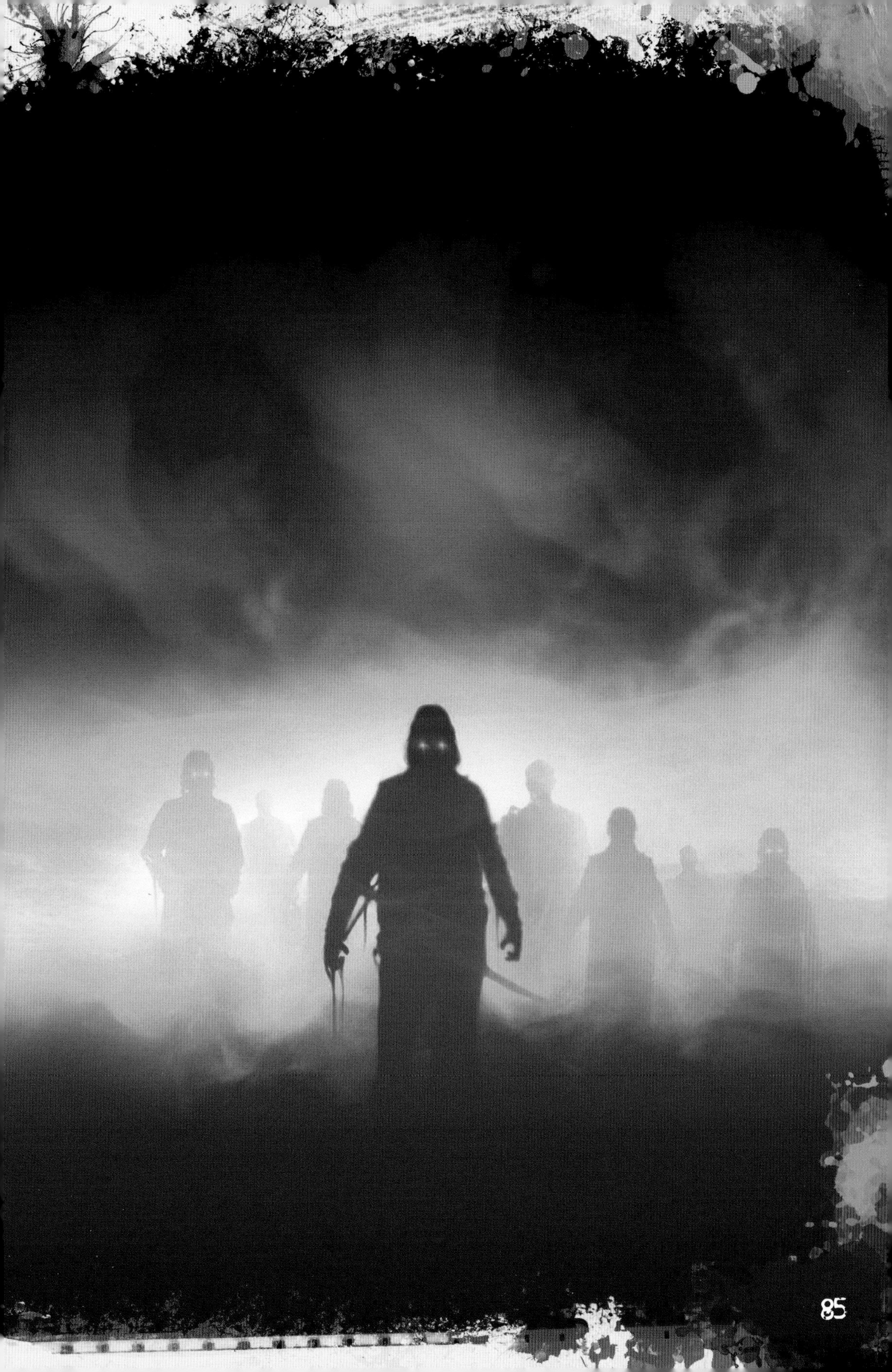

SANGRE, VIOLENCIA Y LIBROS MALDITOS

POSESIÓN INFERNAL

The Evil Dead. 1981. Estados Unidos. Director: Sam Raimi. Reparto: Bruce Campbell, Ellen Sandweiss, Betsy Walker. Género: Terror. Posesiones. Gore. Duración: 86 min.

DINERO BIEN INVERTIDO

Cinco amigos se marchan de fin de semana a una desvencijada cabaña en medio de las montañas de Tennessee. Una vez instalados, en el sótano encuentran un libro muy antiguo y un magnetófono con las grabaciones del dueño de la casa, un arqueólogo que vivía allí junto a su mujer. En dichas cintas, se recitan algunas frases del libro, lo que parece despertar algo diabólico que habita en lo profundo del bosque. Uno a uno, los jóvenes serán poseídos por una serie de malvados espíritus.

El ejemplo perfecto de que con poco dinero también se puede hacer una buena cinta de terror. El director Sam Raimi se valió de su talento para convertir *Posesión infernal* en una de las series B más aclamadas de los años ochenta. ¿Y qué la diferencia de otras películas parecidas? Su atrevimiento, sus locos movimientos de cámara, su violencia de dibujos animados, el creativo uso del gore y la presencia de un futuro icono del cine de terror: Ash, o para ser más precisos, el incomparable Bruce Campbell.

WITHIN THE WOODS

En 1978, Sam Raimi y su amigo Bruce Campbell estaban deseosos de rodar una película, así que decidieron grabar un cortometraje que les sirviese de carta de presentación ante las productoras. El corto se tituló *Within the*

"...The most ferociously original horror film of the year..."
-Stephen King
author of Carrie and The Shining

THE EVIL DEAD

Starring BRUCE CAMPBELL ELLEN SANDWEISS HAL DELRICH BETSY BAKER SARAH YORK
Make-up Effects by TOM SULLIVAN Photographic Effects by BART PIERCE Photography by TIM PHILO
Music by JOE LoDUCA Produced by ROBERT G. TAPERT Written and Directed by SAM RAIMI
Color by TECHNICOLOR® Renaissance Pictures Ltd. From NEW LINE CINEMA. All Rights Reserved

THE PRODUCERS RECOMMEND THAT NO ONE UNDER IT BE ALLOWED TO SEE THE EVIL DEAD

Woods, y trataba de un grupo de amigos que van a una cabaña y uno de ellos es poseído por un maligno espíritu indio. Raimi consiguió que el corto se proyectara en un cine, y su éxito permitió que *Posesión infernal* se hiciera realidad. El rodaje fue tan demencial como la propia película: la grabación duró más de dos meses en pleno invierno, y la cabaña carecía de agua y calefacción; trabajaban los siete días de la semana durante más de catorce horas diarias y, debido al poco presupuesto, todos los miembros del equipo realizaban más de una función (excepto Raimi, que ya tenía bastante con dirigir). Las verdaderas dificultades llegaron a la octava semana de rodaje, pues la mayoría del reparto y técnicos renunciaron alegando que Raimi les había prometido que su trabajo no duraría más de un mes; solo se quedaron Raimi, Campbell y dos ayudantes. El director sacó el lado positivo de aquello: «Tienes el control de todos los aspectos de la toma. No es algo que puedas hacer excepto con un equipo de cuatro y un presupuesto ridículo. [...] El hecho de que tuviéramos que hacerlo todo nosotros estimuló nuestra creatividad». La escasez de medios también benefició el aspecto visual, pues **su estética sucia y oscura pega muy bien con el aire tenebroso de la cabaña y con los desmesurados —y casposillos— efectos especiales.**

BARAJA TRUCADA

Desde sus títulos de crédito iniciales, *Posesión infernal* sorprende con una visión subjetiva que se mueve con gran rapidez por una laguna y un bosque; un anuncio de que hay algo maléfico no muy lejos de donde van a pasar el fin de semana el grupo de amigos. Esta escena que ahora parecería grabada con un dron, entonces se rodó colocando la cámara sobre una tablón de madera, desde donde fue movida a toda velocidad por dos miembros del equipo. Imaginación al poder.

Otra secuencia muy recordada es aquella en la que se produce la primera posesión. Dos amigas, Linda y Shelly, juegan a adivinar qué carta tiene la otra. Linda adivina una de ellas y presume diciendo que posee habilidades extrasensoriales. La siguiente carta

es una reina de picas, y en ese momento, Cheryl, la otra amiga que está de espaldas a ellas mirando por una ventana, contesta: «reina de picas». Las chicas, impresionadas, sacan otra carta, y Cheryl afirma, con una voz distorsionada: «cuatro de corazones», y otra más: «ocho de diamantes», y sigue recitando cartas hasta que se gira y su cara está pálida y sus ojos se han vuelto blancos; acto seguido levita por encima del suelo y gruñe cosas como: «Nos habéis despertado de nuestro antiguo descanso. Moriréis como todos los anteriores, os mataremos de uno en uno». Después la endemoniada se desploma, y disimula estar inconsciente mientras se acercan sus amigos; entonces coge un lápiz y se lo clava en el tobillo a Linda, que chilla desesperada. A continuación Cheryl ataca a Ash y, cuando está a punto de clavarle el lápiz, interviene Scott, el otro chico del grupo, y la golpea con el mango de un hacha, empujándola después a través de la trampilla que conduce al sótano.

La secuencia es un aperitivo espeluznante del festival gore que vendría después. Los efectos usados eran baratos y eficaces: los ojos blancos de los poseídos se conseguían mediante unas lentillas del mismo color; ocurría que con dichas lentes no se podía ver, y las actrices no paraban de golpearse y hacerse magulladuras cada vez que rodaban un plano. Para el momento en el que el lápiz destrozaba el tobillo de Linda, se colocó una pierna falsa y se añadió una buena cantidad de sangre, elaborada mediante una combinación de jarabe de maíz con colorante rojo para alimentos.

INCORRECCIÓN POLÍTICA

Aunque el guion estaba escrito y los actores tenían su copia, algunas improvisaciones de Raimi jugaron algunas malas pasadas a las actrices: el personaje de Cheryl —Ellen Sandweiss— era atacado por ramas y zarcillos del bosque; se enrollaban a su alrededor, la sujetaban y, en un momento dado, abrían las piernas de la chica; ahí terminaba la escena, pero en postproducción Raimi agregó una gran rama metiéndose violentamente en la entrepierna de la joven: «Realmente no sabía que iban a hacer eso —comenta Ellen—, sabía que las piernas se iban a abrir, que las ramas se iban a arrastrar por mis pechos, pero ese final con el palo, no tenía ni idea hasta que lo vi y... y fui, por supuesto, al estreno, ya sabes, con mi madre, y... fue divertido». Un tiempo después Raimi se mostró arrepentido de aquella secuencia, a la que no le vio mucho sentido.

Si hay un momento álgido de la película —y menos polémico— sucede después de que Ash, el héroe improvisado, se vea obligado a matar a su novia Linda —bueno, dicho así, suena un pelín controvertido—. Para deshacerse del cuerpo, el chico piensa en descuartizarla con una motosierra —¡ups!—, pero cambia de idea y cava una fosa para darle sepultura. Tras poner tierra de por medio —de forma literal— con su chica, Ash se agacha para

recoger un colgante que le había regalado esa misma noche, pero su mano es apresada por la garra putrefacta de Linda, que surge de su reciente tumba. La endemoniada le hurga de manera salvaje en una pierna, y el joven se defiende cogiendo una viga de madera y golpeando con ella a Linda de manera reiterada, en un momento exagerado y cómico que parece sacado de un teatro de títeres. Linda contrataca y se lanza hacia arriba para caer sobre su presa, instante que aprovecha Ash para coger una pala y decapitarla. Sin embargo, el cuerpo de la chica le cae encima, y su cuello cortado riega de sangre el rostro del aterrado héroe; mientras, la cabeza cortada de la muchacha ríe a carcajadas.

Es una escena grotesca, divertida y muy de dibujos animados, en la que Betsy Walker, la actriz que interpretaba a Linda, padeció las ideas de última hora del equipo técnico: «Me dijeron: "Esto es lo que va a pasar, Betsy, va a ser genial: Ash comenzará a golpearte en la cabeza para tratar de que vuelvas en sí. Usaremos vigas de madera, pero en realidad no son de madera, sino que conseguiremos vigas de espuma de poliestireno que no dolerán en absoluto, te golpeará un par de veces". Pero lo que trajeron fueron vigas que en ese momento podrías poner en tu casa y las hicieron parecer de madera». También el número de golpes que recibió la pobre Betsy fue mayor de dos, incluido uno que fue directo a su barbilla. Afortunadamente, sobrevivió a la vigorosa paliza.

¿Sabías qué...?

Posesión infernal se convirtió en una trilogía. La segunda parte es *Terroríficamente muertos* (1987), que funciona como un remake con mayor presupuesto y grandes dosis de locura y hemoglobina. Luego vino *El ejército de las tinieblas* (1992), en la que Ash viajaba al pasado para enfrentarse a los demonios. Un título delirante digno del mejor Tim Burton. Bruce Campbell siguió con el personaje en la divertida serie *Ash vs The Evil Dead* (2015), aunque se canceló sin terminar su tercera temporada. Después Campbell declaró que no volvería a interpretar a Ash. Si lees esto dentro de, qué sé yo, veinte años... ¿Lo llegó a cumplir?

EL EXTRATERRESTRE, QUE VINO DEL FRÍO

LA COSA

The Thing. 1982. Estados Unidos. Director: John Carpenter.
Reparto: Kurt Russell, Keith David, Wilford Brimley.
Género: Terror. Ciencia ficción. Duración: 105 min.

¿QUIÉN ANDA AHÍ?

Entre los investigadores de una estación polar de la Antártida, hay alguien que no es quien dice ser. La llegada de un misterioso perro, perseguido por unos noruegos que aparentemente han perdido la cabeza, llena de suspicacias a los habitantes de la estación, que tras visitar la base de los nórdicos descubren los restos de una gigantesca nave extraterrestre.

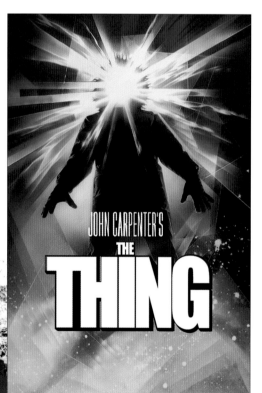

Pronto averiguan que no solo el perro ha sido infectado por una entidad desconocida, sino que esta puede absorber y transformarse en otras especies... también en humanos.

Repudiada en tiempos de *E.T.*, con el paso de las décadas la película se ha consolidado como un título imprescindible en cualquier lista sobre el género. El filme se basa en *Who Goes There?* Una novela corta de ciencia ficción paranoica escrita por John W. Campbell, y de la que Christian Nyby hizo su primera adaptación en 1951, con el nombre de *El enigma de otro mundo*. La película hechizó a un niño llamado John Carpenter, y permaneció en su memoria hasta más de treinta años después.

VAMOS A MORIR COMPAÑEROS

Mientras daba forma al argumento, Carpenter revisó la película de Nyby, y encontró que la criatura tenía muchas similitudes con el monstruo de *Frankenstein*, por lo que volvió a leer el texto de Campbell: «La criatura podía imitar

cualquier forma de vida en la novela original —afirma el director—. El libro de Campbell era básicamente como una versión de Agatha Christie de *Y no quedó ninguno* (*Diez negritos*). Esta criatura está entre vosotros, e imita a uno de nosotros o a todos. ¿Quién es humano y quién no? Esa idea me fascinaba». Así nació una ambiciosa producción que gozó de nombres tan ilustres como el propio Carpenter, los maestros de efectos Rob Bottin y Stan Winston, la música de Ennio Morricone, los decorados pintados de Albert Whitlock, o el actor Kurt Russell interpretando al duro MacReady. A la hora de dirigir, **Carpenter siempre buscó la proporcionalidad entre lo que se mostraba —con unos espectaculares efectos especiales— y el carácter psicológico de la historia**; el problema fue que la crítica y buena parte de los espectadores se fijaron más en los impactantes efectos y en la sangre, y tildaron el filme de efectista y desagradable: «Lo difícil era convencer al público de que esta «cosa» era real. Quizás les convenciéramos demasiado». Comentó posteriormente Carpenter con su sorna habitual.

DE DIENTES Y CABEZAS

Como sucedía en *El exorcista*, esta producción de Universal es mucho más que sus portentosos FX. La recreación de la estación polar es soberbia, nos creemos a sus personajes y su sensación de aislamiento, y la trama va ganando en suspense y tensión. Pero es cierto que, cuando recuerdas *La cosa*, lo primero que te viene a la cabeza son dos o tres secuencias que culminan con explosivos efectos especiales: la escena de la perrera, aquella en la que se hacen la prueba de sangre... y la que precede a esta: MacReady ha conseguido entrar en la estación después de que sus compañeros lo dejasen fuera porque creían que era la «cosa»; medio congelado, amenaza a los que le salen al paso con varios cartuchos de dinamita y, en un momento dado, se quita de en medio a Norris, que se desploma como si hubiera sufrido un ataque al corazón. MacReady pide que traigan al doctor Blair, que tumba a Norris en una camilla y usa un desfibrilador después de notar su pulso muy débil. Mientras MacReady discute con sus compañeros, Blair se afana por devolverle la vida a su paciente, y cuando inicia una nueva descarga con el aparato… a Norris se le abre el pecho como si fuera una boca gigante con dientes de tiburón. La boca se cierra tan deprisa como se abrió, y corta de cuajo los brazos del doctor, que grita de agonía. Luego el pecho se abre de nuevo, y de las entrañas de Norris surge una columna de carne y tendones que se pega al pecho, y en cuya parte superior se puede atisbar una cabeza humana rodeada de patas semejantes a las de una araña. MacReady incinera a la criatura con un lanzallamas, pero nadie se percata de que la cabeza de Norris se desprende de su cuerpo, cae al suelo y de su boca sale una larga lengua con la que se aferra a una mesa para deslizarse. Mientras los investigadores apagan el fuego con extintores, justo detrás de ellos vemos la cabeza, a la que le surgen varias patas y un par de ojos, para después irse tranquilamente hacia la puerta de salida. Entonces Childs ve al bicho y dice: «Dios mío, debo estar delirando». MacReady observa a la criatura y después la quema sin compasión.

PROBLEMAS EN LA OFICINA

Se pueden hallar ciertos parecidos razonables entre la escena descrita y la del revientape-chos de *Alien*, pues al igual que en aquella, el cuerpo que vemos es una réplica, solo la cabeza es real, mientras el verdadero torso de Norris (Charles Hallahan) permanece oculto bajo la mesa de operaciones. El actor había pasado todo el día metido dentro del cajón, y llegó el instante en el que su pecho se abría y desgarraba los brazos del médico. Rob Bottin fue el encargado de efectos especiales que montó la escena: «Contratamos a un tío que no tenía brazos. Le habían amputado los brazos a consecuencia de un accidente industrial. Era un tipo realmente estupendo. Fabricamos una máscara exactamente igual que la cara del médico, y la adherimos a la cara de este tío. Y también le pusimos unos brazos de gela-tina. El funcionamiento del estómago era hidráulico. Está hecho con el mismo mecanismo con el que funciona un tractor que puede coger mucho peso. Cuando se cierra, arranca la gelatina, pincha las venas de plástico y la sangre sale disparada por todas partes. Entonces el actor que no tiene brazos retira sus brazos, se le ve la prótesis destrozada y sale sangre por todas partes. Es una toma muy buena de la película».

Pero no todo salió a pedir de boca. En la toma siguiente, cuando se volvía a abrir el pecho de Norris, Bottin se pasó con la pro-pulsión de los tentáculos y las babas: «Yo quería mucha saliva por todas partes. La-mentablemente, aquello parecía una fuen-te de Las Vegas. Saltó, y parecía que iban a salir bailarinas a hacer un número sobre el estómago». Con la paciencia de Carpenter al borde de un acantilado, para el momento en el que la cabeza de Norris se desprende del cuerpo usaron una cabeza con efectos

mecánicos, y en el cuello pusieron un mejunje de plástico derretido y chicle que olía a muerto. Como también tenía que verse el fuego provocado por el lanzallamas de MacReady, colocaron una tubería de fuego que funcionaba con gas, pero no se dieron cuenta de que la sala estaba llena de potingues inflamables y, al encender la tubería con un mechero, la réplica del cuerpo de Norris explotó, y tuvieron que construir uno nuevo, con el consecuente enfado del director. No obstante, Carpenter agradeció la utilización de aquellos efectos artesanales: «No quería una película de un tío disfrazado. Crecí viendo películas de ciencia ficción y de monstruos, y siempre salía un tío disfrazado. O a veces una marioneta de mala calidad [...] Cuando vi esos efectos pensé: "Qué alivio"».

¿Sabías qué...?

Ennio Morricone compuso una banda sonora excelsa, que fue ninguneada y nominada a los premios Razzie. El prestigioso artista Albert Whitlock pintó la nave espacial enterrada en el hielo, y Mike Ploog, uno de los mejores dibujantes de su generación, realizó un guion gráfico repleto de impresionantes criaturas, que resultaron fundamentales para que Rob Bottin diseñara las distintas «cosas».

SUEÑOS QUE MATAN

PESADILLA EN ELM STREET

A Nightmare on Elm Street. 1984. Estados Unidos. Director: Wes Craven. Reparto: Heather Langenkamp, Robert Englund, Johnny Depp. Género: Terror. Sobrenatural. Slasher. Duración: 101 min.

FREDDYS COMO CHURROS

Tina confiesa a Nancy y sus amigos que ha padecido un horrible sueño con un hombre con la cara deformada y cuchillas en los dedos de una mano. Poco después, la joven es asesinada salvajemente en presencia de su novio, y su cadáver presenta varias heridas punzantes.

La policía echa la culpa a su pareja, pero Nancy, que ha empezado a sufrir pesadillas con el mismo monstruo, descubre que el asesino de su amiga viaja por los sueños de sus víctimas, y sabe que se si duerme estará perdida.

Inicio de una de las franquicias más conocidas del género, *Pesadilla en Elm Street* significa la presentación en sociedad de Freddy Krueger, figura popular y paradigma del monstruo carismático que triunfó en los años ochenta. Si sus innumerables secuelas fueron decayendo poco a poco —y algunas de ellas hoy lucen ridículas—, esta primera parte goza de una envidiable salud, por obra y gracia del imaginario visual del director Wes Craven, que pone delante de nuestros ojos imágenes desasosegantes y surrealistas difíciles de olvidar.

NOTICIAS MACABRAS

A principios de la década de los ochenta, Wes Craven era un director reputado dentro del terror, con producciones tan brutales como *La última casa a la izquierda* (1972) o *Las coli-*

nas tienen ojos (1977). Para su siguiente proyecto, Craven encontró su fuente de inspiración mientras leía una serie de artículos publicados en *Los Ángeles Times* acerca de unos jóvenes asiáticos que fallecían en mitad de una pesadilla. En uno de los casos, un joven tenía un sueño horrible y les decía a sus padres que si dormía se moriría. El padre, que era médico, le dio unos somníferos, pero el chico aguantó la primera y segunda noche sin dormir. Al final cayó rendido, y sus progenitores lo subieron a su cuarto. Poco después, de madrugada, el joven gritó y, cuando sus padres entraron en la habitación, lo hallaron retorciéndose sobre la cama: «Justo antes de llegar hasta la cama, el niño se quedó tieso y murió —comenta Craven— Más tarde los padres encontraron todos los somníferos. No se los había tomado, los había escondido en la cama. También encontraron una máquina de café en un armario […] A mí me pareció como sacado de una película, como si hubiese algo o alguien en sus sueños que le quisiera matar».

ANTAGONISTAS

El guion de Craven enseguida atrajo la atención del productor Robert Shaye, y mientras se ponía en marcha la producción, Craven comenzó a pensar en cómo sería el asesino de los sueños. Se le ocurrió que moriría en un incendio y que tendría el cuerpo y la cara quemada. Entre los actores que acudieron al *casting* estaba Robert Englund, que venía de interpretar a uno de los lagartos de la famosa serie *V* (1984). Craven buscaba un actor de mayor edad, pero le gustó que Englund «gozara siendo malo», observó que tenía capacidad para asustar y a su vez ser gracioso. Cuando le pusieron el maquillaje, la edad ya no era un problema, y Craven ya tenía a su Freddy Krueger.

Su antagonista fue la actriz Heather Langenkamp, cuyo aspecto a Craven le pareció el de una chica prototípica de barrio americano; el director quería contrastar el delicado aspecto físico de Heather con la fuerte personalidad de Nancy, que no era la clásica joven aterrorizada y temerosa; era valiente y decidida, y plantaría cara a Freddy siempre que pudiese. El segundo encuentro entre ambos supone uno de los momentos de la película, aunque Nancy está a punto de no contarlo.

DE LA BAÑERA...

Nancy toma un relajante y espumoso baño en el servicio de su casa. Al quedarse dormida, las cuchillas de Freddy salen del agua justo entre sus piernas. La garra se acerca al rostro de la indefensa chica. De pronto, alguien llama a la puerta del cuarto de baño, y Nancy despierta, pero no ve como la garra se oculta bajo del agua. Al otro lado de la puerta, la madre de la joven le dice que no se duerma, que hay gente que se ahoga por un simple despiste. Nancy no le hace mucho caso y se vuelve a dormir. Entonces Freddy la agarra y tira de ella hacia abajo, a través de un agujero que hay en el fondo de la bañera. La chica lucha por no morir ahogada, y finalmente consigue agarrarse al borde de la bañera y escapar de una muerte segura. Heather se preguntaba cómo rodarían la escena: «Te meterás en una bañera —le dijeron en producción—. Y Jim Doyle, el técnico de efectos, se sumergirá debajo. Él sacará una garra a través de las bur-

bujas». La actriz contestó con una risa nerviosa: «Vale, habéis pensado en esto mucho más que yo». Para Doyle no fue una escena difícil: «Le hicimos un agujero a la bañera y sellamos un tanque de agua debajo. Aguanté la respiración, me sumergí debajo cuando Wes decía: "Acción", y seguía sus indicaciones. Y tenía que hacerlo con cuidado porque el guante era afilado». Las imágenes bajo el agua se rodaron en una piscina cubierta con plásticos negros, de esa forma no se veía la profundidad, pero resultó agobiante para el director: «Nos metimos debajo del plástico vestidos de buzos —afirma Craven—, creíamos que nos íbamos a ahogar. Dijimos: "Estos es lo más peligroso que hemos hecho jamás"».

...A LA HABITACIÓN

Craven quería que el primer asesinato de Freddy, la muerte de Tina, impresionara profundamente a los espectadores, y que pensaran: «Esta no es la típica película de serie B». La secuencia arranca en la habitación donde Tina y su novio Rod acaban de hacer el amor. La chica se queda dormida y sueña con Freddy, que la acosa e intenta matarla. La pesa-

dilla se traslada a la realidad: Rod despierta al escuchar los gritos de Tina, que se agita bajo las sábanas como si pelease con alguien. El chico intenta auxiliarla y, al retirar la ropa de cama, descubre que está siendo zarandeada por algo invisible. De súbito, el pecho de la chica se desgarra, y la sangrante muchacha levita sobre la cama, alzada por una fuerza incorpórea. Rod se acerca a ella, pero el cuerpo de Tina lo golpea; después la joven es arrastrada por el techo y las paredes de la habitación,

mientras agoniza y deja un reguero de sangre a su alrededor. Finalmente, Tina cae violentamente sobre el colchón, y antes de morir salpica de sangre a su acongojado novio.

La secuencia es espeluznante —a duras penas pasó la censura— y tuvieron que eliminar la toma en la que Tina caía sobre el colchón ensangrentado. Sin duda, el momento más alucinante es cuando Tina se mueve, cubierta de sangre, por el techo y las pareces, un efecto que se consiguió construyendo una habitación que giraba. La idea partió de una película de Fred Astaire (*Bodas reales*, 1951), donde el bailarín hacía un número en una sala giratoria. Se tardó un mes en construir la estructura móvil y la habitación interior. No pienses que la estructura giraba mecánicamente, eran otros tiempos y había cuatro personas que la movían al gusto del director. Todo el dormitorio, las cortinas y lo que pudiera caerse fue clavado o apuntalado: «Sujetamos al novio de Tina al suelo —indica Craven—. Le rociamos el pelo con laca, y había dos asientos plegables clavados en la pared. Clavamos la cámara a la pared». Después el cámara se sujetó a una de las sillas e iba girando con la cámara por la habitación. Amanda Wyss —la actriz que interpretaba a Tina— lo pasó realmente mal porque el cuarto le daba vértigo, y sentía que se caía mientras estaba tumbada en el techo. Para tranquilizarla, Craven sacaba la cabeza por una ventana y le indicaba dónde estaba el suelo y dónde el techo. «Es lo más extraño que me han pedido jamás —asegura la actriz, mientras ríe—, ¡Todo ese proceso fue un desastre!

¿No has escuchado el rap de Freddy del grupo Fat Boys? Aquí lo tienes.

¿Sabías qué...?

Para el título de la película, Craven pensó en el nombre de una calle típi-
camente americana. Elm Street cumplía ese requisito, pero también había
otros dos motivos: existía una Elm Street en Potsdam, el pueblo donde resi-
dió el director mientras estudiaba en la universidad de Nueva York. El otro
es más conocido, ya que hay otra Elm Street en Dallas, muy cerca del lugar
donde John Fitzgerald Kennedy fue asesinado en 1963.

PLACER Y DOLOR

HELLRAISER: LOS QUE TRAEN EL INFIERNO

Hellraiser. 1987. Reino Unido. Basada en una novela de Clive Barker. Director: Clive Barker. Reparto: Ashley Laurence, Andrew Robinson, Clare Higgins. Género: Horror. Gore. Duración: 94 min.

ENCADENADOS AL INFIERNO

Mediante un misterioso y extraño cubo mágico, el codicioso Frank Cotton invoca a unos seres de otra dimensión para conocer sus secretos, y estos le responden despedazándolo vivo. Años después, Larry, el hermano de Frank, se muda a la casa de este junto con Julia, su esposa, y su hija Kirsty. Durante la mudanza, Larry se hiere en una mano y su sangre cae sobre el lugar donde Frank manipuló el cubo y murió; poco después, del suelo del cuarto surge una versión cadavérica de Frank, que regresa de entre los muertos sediento de sangre. Julia, que durante un tiempo fue su amante, decide ayudarle a conseguir víctimas que lo alimenten.

Basada en un libro del imaginativo Clive Barker, *Hellraiser* es una auténtica delicia de culto que arrolló entre los amantes de lo siniestro y el gore. Mientras otras películas de la época supuestamente escandalosas no han aguantado el paso de los años, los entrañables cenobitas aún poseen la capacidad de sorprender, dar asco y provocar escalofríos.

PINHEAD Y AMIGOS

En los años ochenta, Clive Barker se codeaba con Stephen King, y todo indicaba que sería un digno sucesor del rey del terror. Sin embargo, Barker nunca fue tan prolífico como King, y tras los primeros éxitos su estrella como escritor se fue apagando hasta casi desaparecer. Antes de que eso sucediera, Barker se atrevió a dirigir sus pro-

pias adaptaciones cinematográficas —igual que hizo King con *La rebelión de las maquinas* (1986)—, y *Hellraiser* supuso un golpe en la mesa dentro del género: «**Estaba más interesado en conmocionar a la gente, y en romper los límites de lo que podían hacer las películas de terror. Y creo que, en cierto modo, lo conseguí**». El Barker director no tenía el talento del Barker escritor, pero supo conjugar los elementos macabros y perversos de una historia que transpiraba pasión, dolor y placer. La película no escatima en violencia y efectos especiales gore, y es imposible no recordar a los tétricos cenobitas, cuyos piercings imposibles y trajes de cuero se adelantaron a su tiempo. Aquellos llamativos diseños atrajeron a todo tipo de amantes de lo oscuro —no solo del terror— y Pinhead se convirtió en uno de los grandes mitos del cine fantástico.

EL OBISPO DEL DOLOR

Cuando Barker se sentó con Bob Keen —maestro de efectos especiales— y el actor Doug Jones para crear al mítico Pinhead, diseñaron un ser muy parecido a Shuna Sassi, una criatura femenina cubierta de plumas y espinas venenosas que aparecía en *Razas de noche* (otra novela de Barker que sería adaptada al cine por él mismo). Sin estar del todo convencidos, simplificaron el diseño, y cuando dibujaron una cuadrícula en la cabeza del personaje, Barker se paró y dijo: «¡Dios, eso es todo, eso es todo!». Luego dibujaron en la cuadrícula varias marcas y las plumas fueron sustituidas por alfileres. Aunque Pinhead fue obra de un trabajo en equipo, Keen apunta al verdadero motivo que lo convirtió en un personaje icónico: «Creo que mucho del encanto de Pinhead está en la voz y la actuación de Doug [...] Se convirtió en un obispo del dolor, y simplemente lo elevó por encima de los otros monstruos que estaban alrededor en ese momento [...] Era un tipo de personaje que tomaba distancia, más relajado que un Freddy o un Jason».

LA RESURRECCIÓN DE FRANK COTTON

Si bien todos recordamos a los cenobitas en acción, la secuencia esencial para el discurrir de la historia se produce al principio, y tiene de protagonista al malvado Frank, que vuelve de la muerte gracias a la sangre de su hermano: «No sé cómo se habría desarrollado la película sin esa secuencia —señala Barker—, no habría estado ni cerca de ser tan efectiva». La escena da comienzo cuando la sangre de Larry es absorbida por el suelo del cuarto donde murió Frank. A continuación crece un corazón bajo las tablas de la habitación, y al poco surge de allí una mugre gelatinosa, seguida de dos extremidades viscosas que se apoyan en el suelo; sobre una sustancia similar a una placenta empieza a crecer un cráneo humano, se levanta un torso dotado de una medula espinal, y se forman dedos fibrosos al final de las extremidades. La medula se acerca al cráneo y se une a este. El cuerpo se alza, y varios órganos se desarrollan dentro de una caja torácica. Finalmente, un reconocible medio hombre, un Frank mitad huesos, mitad músculos, abre su mandíbula y ruge —quizá de placer, quizá de agonía— por haber vuelto del infierno.

La escena se grabó una vez finalizado el rodaje, después de que los productores quedaran encantados con lo que Barker había hecho y le engordaran el presupuesto para que perfeccionase la película. Dicho dinero fue destinado casi por entero a esta

hipnotizante escena, que sustituía por completo a la que grabaron en un principio, y en la que el cuerpo de Frank salía de una pared. Probablemente, el efecto más barato de la secuencia fue el que se usó para crear el corazón bajo el suelo, ya que se hizo con: «Un condón, un trozo de tubo, un poco de pegamento y algunas piezas para unir todo y hacer que pareciera un órgano humano real», expone Keen.

Para resucitar a Frank, el mago de los FX y compañía construyeron un plató elevado —como si fuera un escenario—, con técnicos por debajo: «Estábamos usando muchos efectos de fusión y toneladas de baba, no creerías la cantidad de baba —comenta Keen—. Lo que la gente no se da cuenta es que los agujeros del piso, por la forma en la que se construyó el set, significaba que nuestra baba estaba constantemente cayendo sobre los operadores que estaban debajo [...] Era bastante asqueroso». Los pobres operarios babeados movían los brazos de la criatura mediante varillas, y se utilizaron unos motores controlados por radio para los movimientos de la cabeza. El «nacimiento» de Frank se rodó a la inversa, y lo que originalmente se quitaba, en realidad parecía añadirse. A todo este compendio de efectos viscosos se sumó la cautivadora música de Christopher Young, que aportó un tono épico al resurgir de este singular Lazaro del sadomasoquismo.

¿Sabías qué...?

Se llegaron a rodar nueve secuelas de la película original y un relanzamiento. ¿Cuáles son las mejores? Si te gustó la primera parte, es obligado el visionado de *Hellraiser II: Hellbound* (1988), pues continúa la historia de Barker, aunque no esté dirigida por el escritor. La quinta parte, *Hellraiser: Inferno* (2000), es una interesante vuelta de tuerca a la historia de los cenobitas, y el relanzamiento de 2022, *Hellraiser*, es un soplo de aire fresco que recupera la esencia del filme original y contiene varias escenas horripilantes.

HOLA, SOY CHUCKY

MUÑECO DIABÓLICO

`Child's Play.` 1988. Estados Unidos. Director: Tom Holland. Reparto: Alex Vincent, Catherine Hicks, Brad Dourif. Género: Terror. Slasher. Muñecos. Duración: 83 min.

JUEGO DE NIÑOS

Karen es una mujer separada que intenta rehacer su vida junto a su hijo Andy. Cuando se acerca el cumpleaños del niño, Andy pide a su madre un muñeco Good Guy, pero debido a su elevado precio, Karen termina comprando uno de segunda mano a un indigente. La mujer no puede imaginar que aquel muñeco de nombre Chucky no necesita pilas para hablar, pues ha sido poseído por el espíritu de Charles Lee Ray, un asesino en serie que busca un nuevo cuerpo donde habitar… y claro, el cuerpo de Andy está libre.

Chucky se ha convertido en una leyenda terrorífica que no necesita presentación. Ocho películas y una exitosa serie avalan su fama mundial a lo largo de varias décadas. Sus primeros pasos de goma se los debe al productor David Kirschner, al escritor Don Mancini y al realizador Tom Holland. Todos ellos dieron forma al muñeco más perverso del séptimo arte, en una primera película que sorprendió por sus estupendos efectos especiales y su estilo clásico.

HA SIDO CHUCKY

Se puede afirmar que Don Mancini es el padre de la «criatura». Mancini había disfrutado de un episodio de la *Dimensión desconocida* titulado «El muñeco» (1962), y pensó en hacer su propia historia sobre miedos infantiles. El pri-

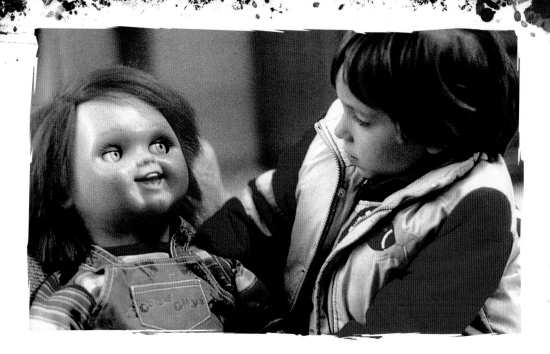

mer borrador del guion llevaba por título *Pilas no incluidas*, pero Steven Spielberg iba a producir una película con el mismo título (*Nuestros maravillosos aliados, Batteries Not Included*, 1987), y Mancini lo cambió por *Blood Buddy*. Al productor David Kirschner le encantó el guion, aunque se hicieron varios cambios en la historia para realzar el drama de la madre y su hijo, que no solo deben enfrentarse a un muñeco homicida, sino también a la traumática situación que supone una ruptura matrimonial. Esta circunstancia crea momentos muy interesantes en la película, ya que cuando los adultos escuchan a Andy acusando a Chucky de ser el culpable de todos sus males, piensan que el niño aún no ha superado la separación de sus padres.

SERÉ TU AMIGO HASTA EL FINAL

Muñeco diabólico tiene dos partes bien diferenciadas. En la primera solo se intuye la presencia del muñeco, suponemos que es él porque vemos su manita o sus movimientos a ras de suelo, pero no aparece completamente ante nuestros ojos. En la segunda parte, Chucky se desata y el argumento se vuelve un thriller con alma de *slasher*, con un final lleno de acción y chistes malos por parte del muñeco. La secuencia que separa estas dos partes es la más terrorífica del filme.

La madre de Andy al fin parece tener en cuenta las palabras de su hijo respecto a Chucky, así que coge el muñeco, se sienta con él y le pide que hable. La respuesta es el mensaje grabado del juguete: «Eh, me gusta que me abracen». Karen sonríe, aceptando lo ridículo de la situación. Se dirige a la cocina y levanta la caja donde venía el Good Guy. En ese momento algo cae de su interior: son las dos pilas necesarias para que Chucky «hable» y se mueva. La mujer mira con estupor al muñeco, sentado en el sofá del salón. Camina hacia él, lo toma en brazos y le da la vuelta en busca de la abertura para las pilas que hay en

su espalda. Cuando levanta la tapa descubre que no hay pilas, y entonces la cabeza del muñeco gira 180 grados y dice: «Hola, soy Chucky y seré tu amigo hasta el final». Karen grita y suelta el juguete, que cae debajo del sofá. Despacio, la mujer se agacha y palpa al muñeco, que permanece quieto. Lo vuelve a coger, lo agita y le maldice, asegurándole que va a obligarle a hablar. Karen enciende la chimenea y advierte a Chucky que le lanzará al fuego si no abre la boca. El muñeco cobra vida, agarra a la mujer y, enfurecido, responde insultándola, golpeándola y mordiéndole el brazo. Karen consigue quitárselo de encima, y Chucky huye, escapando del piso sin que la madre de Andy logre atraparlo.

FABRICANDO AL GOOD GUY PERFECTO

En esta secuencia tan alabada por los fans del género, es fácil adivinar lo que va a ocurrir, pero aun así saltas del asiento cuando el rostro de Chucky se contrae y adquiere ese gesto feroz y diabólico. Ese instante deja huella gracias a la ayuda de la siniestra voz de Brad Dourif, el verdadero responsable de dotar de malvada personalidad al muñeco: «Es muy complicado doblar a Chucky —explica Dourif—, son como dos o tres días en los que pierdes la voz, porque Chucky siempre saca la voz desde muy atrás». A la pregunta de cuál es el motivo de que Chucky levante pasiones a pesar de ser un homicida, Dourif lo tiene

claro: **«Chucky tiene en su interior un ser humano, y atrae al público porque tiene su lado cómico. Es divertido ver a Charles Lee Ray dentro de un muñeco, convertido en un monstruito».**

Otro de los logros de la escena —y del resto del filme— son sus geniales efectos especiales. De hecho, en su época supusieron algo novedoso por la utilización de muñecos animatrónicos, que hasta entonces solo se habían visto en los parques de atracciones de Disney. El culpable de tal proeza fue Ke-

vin Yagher, un joven técnico de efectos especiales que acababa de trabajar en *Pesadilla en Elm Street 3: Guerreros del sueño* (1987). Allí había confeccionado una cabeza animatrónica de Freddy, y pensó que con Chucky se podía hacer lo mismo, pero animando un cuerpo entero. Se fabricaron siete muñecos para las distintas secuencias —unos movidos por cables, otros con motores internos para mover piernas y brazos, y uno que pataleaba como un niño—, y se construyó una cabeza animatrónica que era controlada mediante cables por distintos marionetistas: «Había un marionetista para los ojos —apunta Yagher—, su trabajo era que parpadearan o se movieran. Teníamos otro que movía las cejas y las mejillas, y otro tipo solo para la boca, que movía las mandíbulas con un mecanismo que estaba en su cabeza». De ahí el realismo y la sorpresa que nos llevamos cuando Chucky muestra su verdadero rostro ante la madre de Andy, pues sus reacciones y gestos están conseguidos al detalle, y resultan pérfidamente humanos. También hay que concederle su mérito a Karen (Catherine Hicks), que eligió un método particular para temer a Chucky: «Una de las cosas que hice en el rodaje fue sustituir a Chucky por serpientes —comenta Hicks—, yo odio las serpientes, e imaginé que tenía que buscar una serpiente debajo del sofá». Desde luego, su método funcionó, y la expresión de su rostro al mirar a Chucky deja a las claras su aversión por los réptiles.

¿Sabías qué...?

El nombre completo del psicópata que posee al muñeco Good Guy es Charles Lee Ray, en alusión a tres famosos asesinos norteamericanos: Charles viene de Charles Manson —jefe de una famosa secta y culpable de varios crímenes—, Lee de Lee Harvey Oswald —el hombre que mató al presidente John F. Kennedy— y Ray fue extraído de James Earl Ray, el asesino de Martin Luther King.

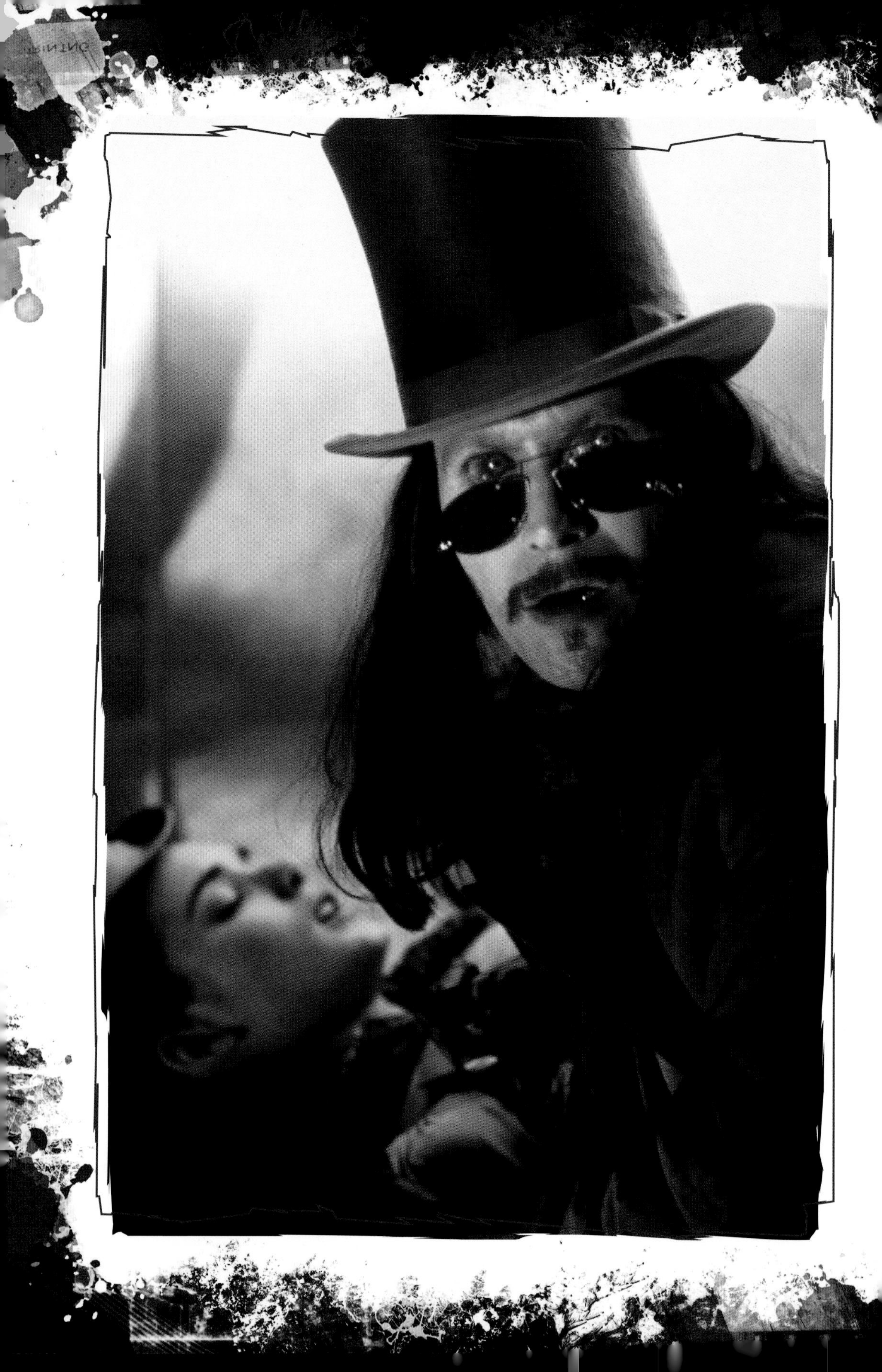

DÉCADA DE LOS NOVENTA

A finales de los años ochenta, las franquicias dan síntomas de agotamiento, y los grandes personajes del terror —Freddy, Jason, Myers— provocan más carcajadas que miedo. La primera mitad de los noventa es un periodo de decadencia salvado por la magistral *El silencio de los corderos* (1991) y algunos títulos notables como (*Braindead*) *Tu madre se ha comido a mi perro* (1992), *Drácula de Bram Stoker* (1992), *Candyman* (1992), *En la boca del miedo* (1994) o *Entrevista con el vampiro* (1994). Durante el segundo lustro no hubo una mejora sustancial, pero se fueron sentando las bases del terror venidero: la taquillera y esplendida *Seven* (1995) fue el origen de una hornada de thrillers escabrosos que culminaría con el nacimiento de la franquicia de *Saw* (2005); *Scream, vigila quien llama* (1996), y sus secuelas le dieron una vuelta de tuerca al *slasher*; fueron tiempos divertidos si te van las películas del tipo *Sé lo que hicisteis el último verano* (1997) o *Leyenda urbana* (1998); el subgénero de metraje encontrado o falso documental emergió con fuerza gracias a *El proyecto de la bruja de Blair* (1999), y la imprescindible *El sexto sentido* (1999), sirvió de carta de presentación de M. Night Shyamalan, director a tener en cuenta durante el siglo XXI.

EN LA MENTE DE CLARICE

EL SILENCIO DE LOS CORDEROS

The Silence of the Lambs. 1991. Estados Unidos. Basada en la novela de Thomas Harris. Director: Jonathan Demme. Reparto: Jodie Foster, Anthony Hopkins, Ted Levine. Género: Terror. Thriller. Duración: 115 min.

OSCARS DE SANGRE

La agente Clarice Starling es una joven experta en conductas psicopáticas a la que el FBI pide ayuda para dar caza a un asesino en serie apodado Buffalo Bill. Como no hay pistas sobre el criminal, se le pide a Clarice que confeccione un perfil del asesino con la ayuda

del doctor Hannibal Lecter, un psicópata caníbal que una vez fue psicoanalista, y que ahora paga por sus atrocidades en una cárcel de máxima seguridad. Mientras colabora con la agente, Lecter trata de hurgar en el pasado de Clarice, en busca de alguna debilidad con la que alimentar su retorcida psique.

El silencio de los corderos tiene el honor de ser la única producción de terror que ha ganado el Oscar a Mejor Película, alzándose también con el premio en la categoría de mejor director (Demme), mejor actor (Hopkins), mejor actriz (Foster), y mejor guion adaptado (Ted Sally). Hubo un sector de la crítica que se negaba a admitir que era una película de género, pero quién mejor que Anthony Hopkins para zanjar el debate sobre la importancia del terror en el cine de calidad: «Mucha gente dice que no puede ver películas de miedo, que les afecta mucho [...] Cuando a Hitchcock le preguntaron: "¿Por qué nos gusta que nos asusten?", él contesto: "¿Qué es lo primero que

decimos cuando vemos a un bebé? ¡Bu!"». La influencia de *El silencio de los corderos* generó una oleada de películas y telefilmes de psicópatas, y contagió a thrillers con toques de terror como *Seven* (1995) o *Sospechosos habituales* (1995).

LECTER 9000

La película parte de una adaptación de un *best seller* del mismo nombre escrito por Thomas Harris. Para el personaje de Buffalo Bill, el novelista se fijó en varios asesinos en serie famosos, siendo Ted Bundy y Ed Gein los más destacados. Bundy era un apuesto psicópata que engañaba a sus víctimas antes de atraparlas, mientras que Gein fue un paleto de la América profunda que profanaba tumbas para hacerse ceniceros con cráneos y pantallas de lámparas con pieles humanas; además, mató al menos a dos mujeres que fueron halladas descuartizadas en el interior de su casa. El influjo de Gein en una sociedad estadounidense fascinada por la figura del psicópata se puede percibir en *La matanza de Texas* o *Henry: Retrato de un asesino* (1986). La productora Orion adquirió los derechos de la adaptación, y propuso al actor Gene Hackman para que la dirigiese. Hackman invirtió dinero en el proyecto, pero tras leer el guion comentó: «Es demasiado violento», y no quiso dirigirla. El siguiente nombre en salir fue el de Jonathan Demme, un excelente director habituado a las comedías. En una primera toma de contacto, Demme dijo que aquello era excesivamente sangriento para él. Le pidieron que se leyera el libro, y fue entonces cuando vio que la historia tenía mucho potencial, y que se centraba en un personaje femenino de gran complejidad psicológica, algo que le convenció definitivamente. La película pone el foco en Clarice y sus miedos, ella es la verdadera protagonista de la película. Jodie Foster estaba deseando interpretar a Clarice, y finalmente fue la elegida. Para el papel de Lecter se pensó en Sean Connery, que rechazó el papel por la misma razón que Hackman. A con-

tinuación fueron a por Anthony Hopkins, que después de leer el guion aseguró que sabría cómo interpretarlo. Hopkins describió a Lecter como una mezcla de Katherine Hepburn, Truman Capote y HAL 9000, el ordenador que pierde los papeles en *2001: Una odisea del espacio* (1968). Al menos sorprendente, ¿no?

DE CAMINO AL MATADERO

La película se mueve entre el thriller, el terror psicológico y el puro horror. De cada uno de estos tres aspectos se pueden rememorar imágenes inolvidables: del thriller, imposible borrar la secuencia en la que Lecter escapa de la cárcel; de auténtico horror se puede calificar la escena donde Buffalo Bill se viste con las pieles de sus víctimas; y el terror psicológico está presente en quizá, la más memorable de las escenas de la década de los noventa. Aquella en la que se nombran a los corderos que dan título a la película.

A Clarice se le acaba el tiempo. Buffalo Bill acaba de secuestrar a Catherine, una nueva víctima, y cada minuto puede ser vital si quiere atrapar al asesino. Clarice visita a Lecter en su celda, este nota las prisas de la joven y se aprovecha de ello: «Si la ayudo, Clarice, usted y yo nos turnaremos, *quid pro quo*, yo le digo cosas y usted me dice cosas, no sobre este caso, claro, cosas sobre usted». Ella acepta, y a preguntas de Lecter confiesa que se quedó huérfana con solo diez años: su madre murió siendo ella muy

pequeña, y su padre, agente de policía, fue tiroteado y agonizó durante un mes en un hospital; después fue a vivir a un rancho con una prima de su madre y su novio, y admite que solo vivió allí dos meses, que se escapó: «¿Por qué, Clarice? ¿Es que el ranchero le obligó a hacerle una felación? ¿Quizá la sodomizó?». «No», responde: «Era un hombre muy bueno».

Días más tarde, Lecter ha sido trasladado a una cárcel menos segura, y Clarice, desesperada, acude de nuevo a pedirle ayuda. Lecter empieza a darle una información valiosa para encontrar a Buffalo Bill, pero se detiene para preguntar de nuevo a Clarice por el rancho. Quiere saber qué ocurrió el día que se escapó. La agente, inquieta, explica que una mañana la despertó un sonido que le llamó la atención: «Era como el llanto de un niño». Cuando fue a comprobarlo, entró en un establo y halló un montón de corderos chillando; les esperaba el matadero. Clarice quiso liberarlos, pero no pudo, y al final huyó con uno de ellos. La policía la detuvo a los pocos kilómetros; el ranchero mató al cordero y mandó a Clarice a un orfanato. «Aún se despierta a medianoche, ¿verdad? —afirma Lecter—, se despierta y aún oye chillar a los corderos». Clarice, emocionada, susurra: «Sí», y Lecter pregunta: **«¿Y cree que salvando a la pobre Catherine podría hacerlos callar, cree que si Catherine vive no volverá a despertarla a medianoche el horrible chillido de los corderos?».** Clarice responde: «No lo sé, no lo sé», y Lecter, embriagado por el trauma de la joven, le da las gracias.

MIRADA DEPREDADORA

Como queda patente, la secuencia no tiene efectos especiales ni asesinatos, no hay ominosas revelaciones sobre lo que sucederá en la película, ni siquiera hay una sorpresa final. Es solo una conversación entre un psicópata y una agente de la ley; resulta imposible apreciar en el texto el juego de miradas, las expresiones y los gestos de los personajes que

hacen de esta escena algo tan impresionante y profundamente psicológico. Lo primero que nos atrae de la secuencia es la presencia de Lecter. El público daba por hecho que Hannibal Lecter sería alguien agresivo y demente desde el principio, pero Anthony Hopkins hizo lo que nadie esperaba, ser atento y educado: «Es como un gato, como ver a un gato antes de abalanzarse sobre su presa —asegura el actor— o a un león antes de matar a su presa. Permanecen muy quietos, no mueven ni un músculo, ni parpadean. Eso aumenta la tensión del espectador». Esa sensación aumenta cuando llega la revelación del suceso con los corderos; en un primer plano, vemos como Clarice mira a un lado, compungida al recordar, intentando mantener el dolor en su interior; mientras, el maquiavélico rostro de Lecter llena toda la pantalla, mira al espectador de frente: «Creo que es hablarle al público directamente —explica Hopkins—, para que se sienta como Clarice, o como el otro personaje a quien estás hablando. Por tanto, implica una gran intimidad con el público». Y así es, los ojos y la penetrante voz de Lecter te intimidan hasta límites insospechados, pero, al mismo tiempo, también te pones en la piel de Clarice, indefensa y acorralada por el monstruo, y sufres por ella como si fuera alguien cercano a ti. Sin duda, el mérito de la escena recae sobre los hombros de dos gigantes como Foster y Hopkins, a los que se une Jonathan Demme, cuya capacidad de plasmar lo complejo con aparente sencillez y maestría le ha otorgado un lugar de privilegio en los anales del cine.

¿Sabías qué...?

En otra famosa escena de la película, Buffalo Bill se coloca su miembro entre las piernas y baila delante de un espejo simulando que tiene el cuerpo de una mujer. El momento no fue sencillo de rodar para el actor Ted Levine, que tuvo que tomarse un par de chupitos para entrar en calor. Tras el estreno de la cinta, algunos grupos pertenecientes a la comunidad LGTBI salieron a la calle para protestar por el hecho de que un transexual fuera un asesino en serie. No obstante, en el filme se subraya que Buffalo Bill no es trans, sino que en realidad es un homófobo que se burla de este colectivo.

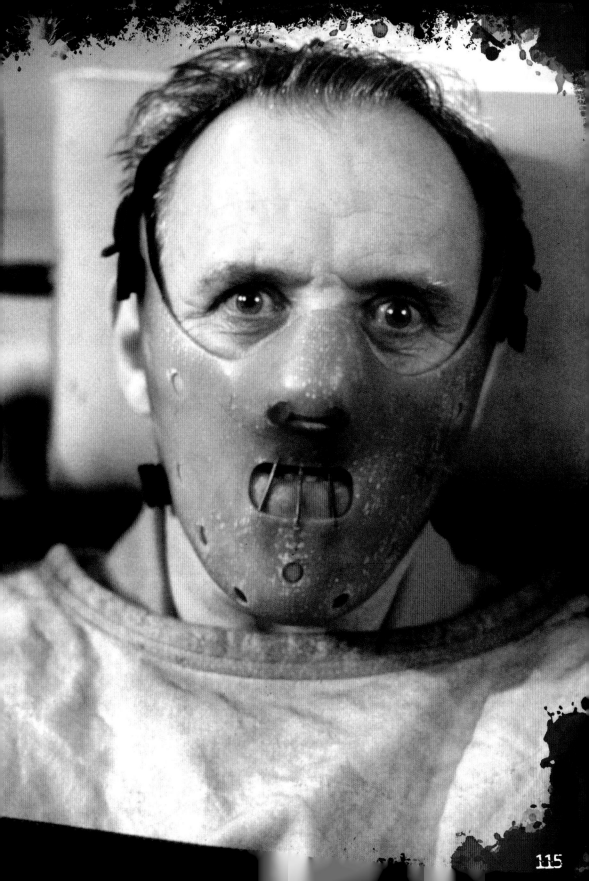

EL AMOR ESTÁ EN LA SANGRE

DRÁCULA DE BRAM STOKER

Bram Stoker's Dracula. 1992. Estados Unidos. Basada en la novela de Bram Stoker. Director: Francis Ford Coppola. Reparto: Gary Oldman, Winona Ryder, Anthony Hopkins. Género: Terror. Vampiros. Romance. Duración: 130 min.

CHUPANDO AMOR

El joven abogado Jonathan Harker viaja a los montes Cárpatos para cerrar varias transacciones con un excéntrico y viejo conde llamado Drácula. El anciano acoge a Harker en su castillo, y parece sentir mucho interés por una foto de Mina, la prometida del muchacho,

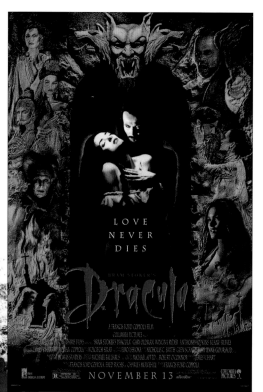

que le recuerda mucho a Elisabeta, su amante fallecida mucho tiempo atrás. Este descubrimiento insufla nuevas energías al conde, que no escatimará en chupar sangre ajena para conseguir el amor de Mina, aniquilando las vidas y las almas de los que encuentra a su paso.

Una de las más fieles adaptaciones del clásico de Bram Stoker —solo superada, quizá, por *El conde Drácula* (1977), telefilme protagonizado por Louis Jordan—, su argumento incide en la imposible historia de amor entre Drácula y Mina, sin olvidarse de la imagen terrorífica del personaje. Con un reparto estelar y un diseño de producción asombroso, *Drácula* fue dirigida por Francis Ford Coppola, realizador necesario donde los haya.

DRÁCULA CAMALEÓNICO

Para la creación del Drácula literario, Stoker usó la figura del héroe rumano Vlad Tepes, al que los turcos tachaban de monstruo porque empalaba a sus enemigos; de igual manera,

el director de *El padrino* recuperó ese origen real para dar forma al Drácula de su obra. Al comienzo de la película, Drácula rechaza a Dios cuando —al volver de triunfar sobre los turcos—, la Iglesia se niega a salvar el alma de su amada Elisabeta, que se ha suicidado creyendo que su hombre había muerto. Por tanto, Drácula se convierte en un ser maldito, un ángel caído... pero con principios: «La idea era retratar a Drácula cómo el héroe trágico y carismático que era —comenta el guionista James V. Hart—, no era otro monstruo chupasangre del que había que librarse. Era un hombre que había perdido su alma». **Gary Oldman fue el escogido para interpretar al conde, un actor de método que durante el rodaje admitió dormir en un ataúd que le había regalado el mismo Coppola.** Evasivo cuando se le preguntaba sobre su Drácula, en una entrevista hizo un peculiar recuento, pues su personaje pasa por más cambios de vestuario que Beyoncé durante un concierto: «¿Cuántos disfraces tengo? —pregunta Oldman— Soy el viejo Drácula, el Drácula demoníaco, el Drácula lobo. Soy un murciélago. Tengo forma de niebla. Me convierto en ratas. Llevo barba. Soy el joven y romántico Drácula. El espadachín. Rumano... Montones de pruebas. Es lo más agotador que he hecho en mi vida». El camaleónico actor estuvo excelentemente acompañado por Winona Ryder, Keanu Reeves y, por supuesto, Anthony Hopkins, que interpreta al cazavampiros Van Helsing y que protagoniza uno de los momentos memorables de la cinta.

EN LA CRIPTA

Lucy, amiga de Mina, ha sido asesinada por Drácula y enterrada en una cripta. Cuando reina la noche, Van Helsing y tres acompañantes —entre los que se encuentra Arthur, novio de Lucy— bajan al mausoleo portando varias antorchas. El cazavampiros quiere demostrar a sus escépticos compinches que la muchacha se ha transformado en una pupila de Drácula. Después de retirar la lápida del sepulcro, comprueban que la tumba se halla sin dueña. Arthur saca su pistola, apunta a Van Helsing y le apremia a que confiese

dónde ha escondido el cuerpo de su amante: «Vive fuera de la gracia de Dios —contesta Van Helsing— errante en las tinieblas. Es un vampiro, nosferatu». Entonces escuchan a alguien que se acerca. Los hombres se esconden, y descubren a Lucy, aparentemente viva, bajando las escaleras de la cripta con una niña que llora en sus brazos; al entrar en la sala, las velas del recinto se encienden solas. Van Helsing sale al paso de la recién fallecida y, cuando la llama por su nombre, ella deja caer a la cría al suelo. Su rostro es blanco como la tiza, y entre sus labios carmesí se perciben sus largos colmillos. Lucy ve a su prometido, y se dirige a él de manera seductora: «Ven a mí Arthur, deja a esos y ven a mí». Van Helsing se interpone y le muestra una cruz al grito de: «El poder del señor nos da la fuerza». La vampira retrocede hasta meterse en su ataúd, para después vomitar un reguero de sangre sobre Van Helsing. El cazavampiros saca una estaca de metal y un martillo y se los entrega a Arthur; le pide que tenga un momento de valor y que apunte al corazón. El hombre descarga el martillo, y la estaca se clava en el pecho de Lucy; a continuación, Van Helsing remata la faena separando la cabeza del cuerpo con una espada.

SERPIENTES VAMPIRO

Cuando Coppola empezó a meditar sobre el apartado visual de la película, decidió que el diseño de los trajes sería una parte primordial de la historia: «El vestuario es el decorado», llegó a decir el director. La diseñadora Eiko Ishioka confeccionó cada traje pensando en el carácter del personaje que lo vestía. El vestuario de Lucy (Sadie Frost) antes de ser mordida por Drácula, denota-

ba a una mujer atractiva y liberada, un estilo, por ejemplo, muy diferente al de Mina: «El vestuario de Mina es muy estricto, estrecho, conservador —indica Ishioka— Es casi pura virginidad, pudor, como la estricta personalidad de una profesora. Lucy es todo lo contrario». Sin embargo, para la secuencia de la cripta, Ishioka confirió a Lucy un halo de pureza engañoso, corrupto, vistiéndola con un elaborado y espectacular vestido de boda blanco con cola. Quizá fue un error de comunicación entre director y diseñadora, porque Coppola pretendía que la actriz se moviera como un réptil, y el pomposo vestido era tan incómodo para Sadie que apenas podía sujetar a la pesada niña que le habían puesto en sus brazos, y menos contonearse como un áspid. Ishioka le dijo a Coppola que el vestido no serviría para lo que él buscaba, pero el director siguió en sus trece: «Quería que se arrastrara como una serpiente —explica el director—, y me dijeron que con ese vestido era imposible hacerlo. Así que tienes que pensar en algo diferente que cause la misma impresión, pero hay que hacerlo de otra forma». Entonces Coppola encontró la solución, y pidió a Sadie que, en el momento de introducirse en el ataúd, lo hiciera marcha atrás. Así lo hizo la actriz, y ese movimiento poco natural no pudo resultar mejor, porque recordaba a un réptil. El resto de la secuencia nos retrotrae a las producciones de la Hammer, de gran belleza estética, pero con un chorro de sangre y una decapitación, como Cushing manda.

¿Sabías qué...?

Winona Ryder fue la verdadera impulsora de la película. Fue ella quien compró los derechos de la novela y la que se puso en contacto con Coppola. Su relación con el director se forjó durante el periodo en el que este preparaba *El padrino III* (1990). Coppola quiso que ella participara en el rodaje, pero a última hora Winona se decantó por el papel de Kim en *Eduardo Manostijeras* (1990).

EL NIÑO QUE VEÍA MUERTOS

EL SEXTO SENTIDO

The Six Sense. 1999. Estados Unidos. Director: N. Night Shyamalan. Reparto: Bruce Willis, Haley Joel Osment, Toni Collette. Género: Terror. Sobrenatural. Duración: 107 min.

TEN AMIGOS PARA ESTO

El reputado psicólogo Malcolm Crowe vive atormentado por el suicidio de un paciente que previamente había intentado matarlo. En busca de la redención, Malcolm empieza a tratar a Cole Sear, un tímido niño que parece temer el mundo que le rodea. Tras sus primeras visitas, el psicólogo no ve una explicación lógica a los miedos y a las señales de maltrato que sufre el crío, hasta que este mismo le confiesa que posee una habilidad sobrenatural:

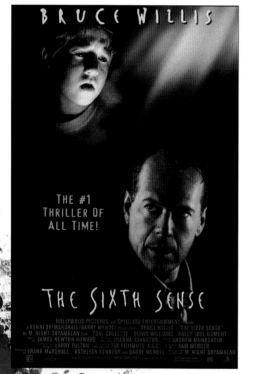

es capaz de ver los espíritus de las personas que han muerto de forma violenta.

Hace un par de décadas, cuando asistí a un pase de *El sexto sentido*, a «un querido amigo» se le iluminó una —funesta— bombilla, y me reventó el famoso final de la película. Así que, si por algún motivo, todavía no has disfrutado de una de las cintas más cautivadoras del cine de terror, sáltate esta reseña de inmediato y vuelve cuando hayas hecho los deberes. Seguro que después me lo agradecerás.

EMPEZANDO POR EL FINAL

En el mundo del cine, un director o guionista debe ser capaz de vender al productor «el gancho» de su obra, un planteamiento que le haga saltar de alegría —aunque los productores nunca salten, y menos de alegría— para que decida poner su dinero en una película. Casi siempre, esa idea principal es parte del comienzo de una historia, es lo que te anima a leer un libro o a contemplar un tra-

bajo audiovisual. Cuando el realizador N. Night Shyamalan empezó a pensar en su tercer largometraje, lo único que vio claro era que quería embarcarse en una película de fantasmas. Luego unió esto a un suceso que le ocurrió a su padre cuando él era pequeño: volvían del cine y la puerta de su casa estaba abierta. Al entrar, su padre encontró a un tipo loco en su habitación, sentado al borde de la cama. Era una escena inquietante para empezar una historia de miedo, pero el director aún tenía que encontrar ese factor diferencial, ese gancho; y vaya si lo encontró: «Pensé qué podía hacer para poner la película en la cima, y luego me senté allí y tuve la idea del final, que cambió todo. Básicamente era una sensación de que no puedes perder, porque tienes a Michael Jordan ahí si lo necesitas para encestar la última canasta, y de repente todo lo que escribí era más fuerte que nunca […] Sentí que tenía un as en la manga, este final, y simplemente fortaleció todo». Y de ese modo, querido lector o lectora, se cimenta una casa por el tejado, o como un sorprendente desenlace puede ayudar a construir el resto de un gran guion.

TERROR PSICOLóGICO

En *El sexto sentido* no hay estilosos movimientos de cámara, ni rutilantes efectos especiales, tampoco gore. Se trata de una película «tranquila», que va ganándote a medida que pasan los minutos, y cuya resolución te mantiene a la expectativa como pocas cintas de terror que hayas visto. Las secuencias de miedo no son abundantes, pero las que hay te acompañarán hasta que te metas en la cama, durante más de una noche. **Shyamalan logra que las escenas que más perduren en la mente del espectador no sean las más terroríficas, sino las que resultan importantes para la evolución de los personajes.** En la más famosa de todas ellas, nos encontramos al niño tumbado en la cama de un hospital después de que unos críos lo mantuvieran encerrado en el cuarto de un desván, y una presencia lo atacara dejándole el cuerpo marcado.

Malcolm entra y se sienta junto a Cole, que se ha subido la manta hasta la barbilla. El psicólogo empieza a contarle un cuento, pero el niño lo interrumpe para decirle que no sabe, y que si quiere contar cuentos tendrá que añadir algunas sorpresas. Luego le pregunta al psicólogo el porqué de su tristeza, pues asegura que la capta en sus ojos. Malcolm responde narrándole su propia historia, su propio relato. Le habla de su obsesión por el paciente que se quitó la vida, admite que ya no se siente la misma persona, y que por eso su mujer no le dirige la palabra. Entre lágrimas, Malcolm confiesa a Cole que si consigue ayudarlo a él, si le salva, será como si estuviera salvando al chico que perdió. Entonces el niño le mira fijamente, y por fin se atreve a quitarse un insoportable peso de encima: «Quiero contarte mi secreto. En ocasiones veo muertos». Malcolm pregunta: «¿En sueños?». El niño niega. «¿Estando despierto? ¿En tumbas, en féretros?». Y Cole responde: «Andando como personas normales. No se ven unos a otros, solo ven lo que quieren ver. No saben que están muertos [...] Están en todas partes». Después Cole le pregunta a Malcolm si se quedará a su lado. El psicólogo asiente; Cole cierra los ojos y duerme.

LIBERACIÓN

La secuencia separa la primera parte de la película —en la que Malcolm no podía imaginar el secreto que guardaba el niño, y en la que Cole no terminaba de confiar en él—, y la parte en la que ambos se enfrentan a lo desconocido que rodea sus vidas. El que Malcolm solo se atreva a explicar su trauma como si fuera un cuento, hace de ese momento algo muy cercano e íntimo, como si su relación fuera la de un padre y su hijo. Eso le da mucha fuerza a la escena, que llega a su punto culminante con la mirada del niño y la confesión de su secreto. Llevamos un buen rato deseando que Cole le hable a Malcolm sobre su

don para que este pueda ayudarlo, y cuando lo hace, no solo él se siente liberado, también los espectadores. Es un logro de un guion bien escrito, de unos personajes creíbles y de un director que sabe unir el conjunto para que la magia del cine haga el resto.

En cuanto a los momentos terroríficos, son sencillos pero pavorosamente efectivos, y en todos ellos solo hicieron falta efectos de maquillaje. Las apariciones de los fantasmas dan miedo porque no hay monstruos o espectros horripilantes, sino personas que, como afirma Cole, la mayoría de las veces no saben que han muerto. Hay un momento que causa pavor en el que un niño aparece por un pasillo de la casa de Cole y le dice que lo acompañe para enseñarle la pistola de su padre. El niño le da la espalda a Cole, y entonces se ve que hay un gran boquete en la parte posterior de su cráneo, con toda probabilidad producido por un arma de fuego. Tampoco falta algún buen susto, como cuando Cole está en un cuarto de juegos y una mano surge de debajo de una cama y lo agarra de un pie; a continuación el niño descubre que la mano pertenece a una inquietante niña que está allí escondida, y que se encarga de enseñarle una caja que contiene un secreto muy jugoso.

¿Sabías qué...?

Sería injusto no mencionar el magnífico papel de madre que interpreta Toni Collette; la actriz dijo que la resonancia emocional de la historia la conmovió de tal modo durante el rodaje, que hasta el momento del estreno no llegó a percibir que estaba haciendo una película de terror. No sería la primera vez que interpretaría un papel similar, pues sufriría más si cabe siendo parte de la familia de la tremenda *Hereditary*.

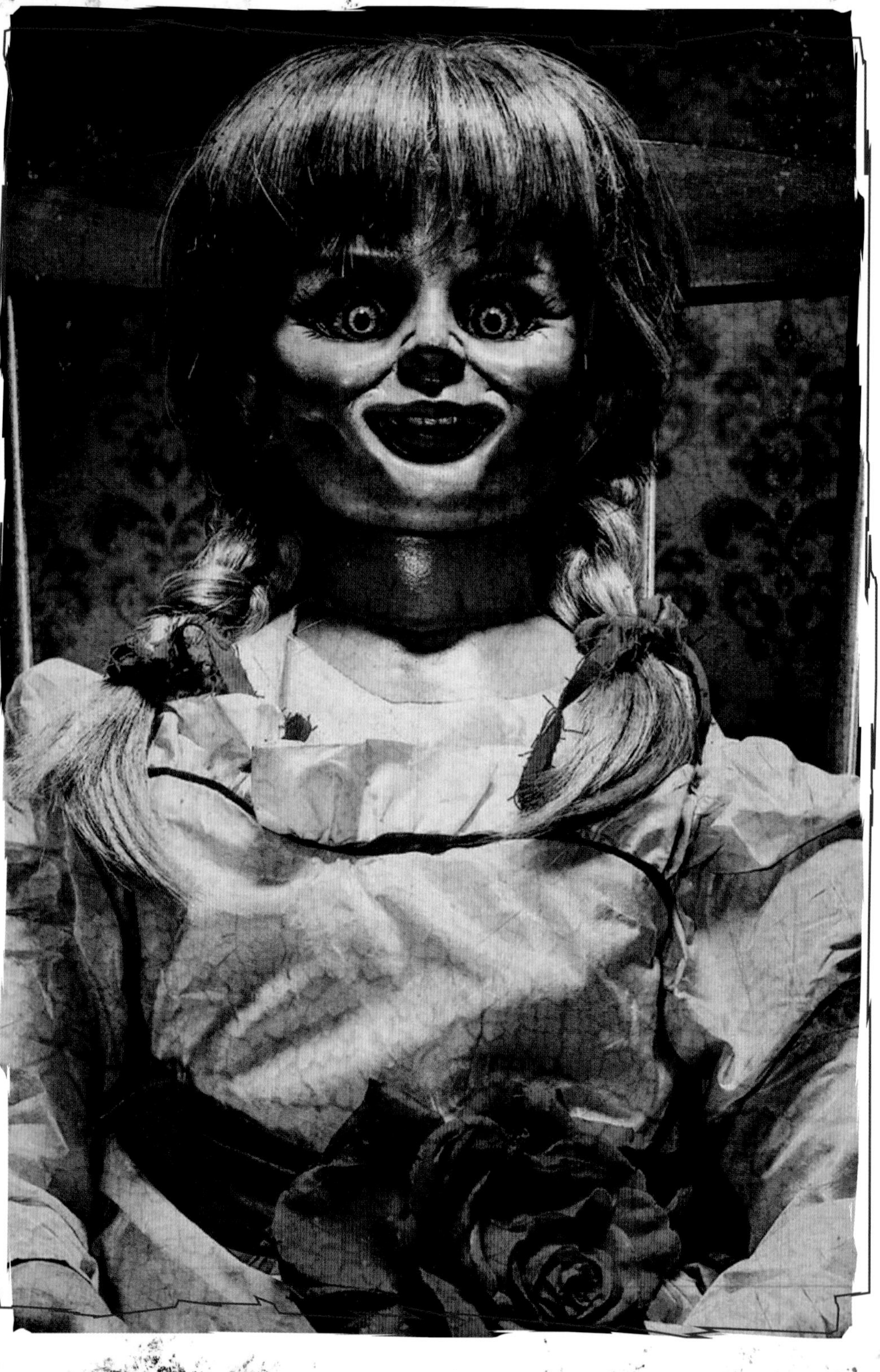

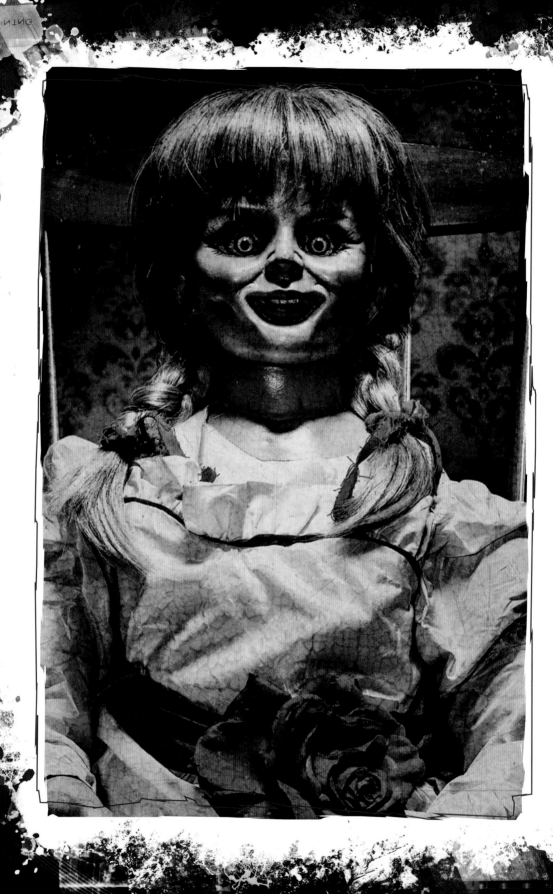

DÉCADAS DEL DOS MIL

The Ring: (*El círculo*, 1998), impulsó una ola de terror asiático con obras como *Audiction* (1999), *Kairo* (*Pulse*, 2001), *The Grudge* (*La maldición*, 2002) y todas las fantasmas melenudas que que *a posteriori* surgieron de sus tumbas.. En España, jóvenes directores aficionados al género tomaron el testigo de Álex de la Iglesia y *El día de la bestia* (1995) para refrescar el panorama terrorífico. Caben destacar a Alejandro Amenábar (*Los otros*, 2001), Juan Antonio Bayona (*El orfanato*, 2007), Jaume Balagueró (*Los sin nombre*,1999) o Paco Plaza (*El segundo nombre*, 2002). En 2007, estos dos últimos realizadores codirigieron una de las mejores películas de miedo de lo que va de siglo: *REC* (2007). En el resto de países, los títulos más interesantes llegarían a partir del segundo lustro del 2000 gracias al cine independiente, que aportó propuestas tan interesantes como *Eden Lake* (2008), *Martyrs* (2008), *The Descent* (2005), o *Déjame entrar* (2008). Aunque en Estados Unidos, el género se centró en falsos documentales (*Paranormal Activity*, 2007), *remakes* (*Amanecer de los muertos*, 2004) o secuelas de éxitos comerciales (*Destino final*, 2000), el cine independiente comenzó a producir largometrajes de categoría como *It Follows* (2014), *La bruja* (2015) y *Hereditary* (2018), todas ellas precursoras de un cine de terror cotidiano que se ha extendido con títulos como *Midsommar* (2019) *The Black Phone* (2021) o *Smile* (2022). Tampoco hay que olvidar el cine coreano, que alcanzó altas cotas de calidad con *Memories of murder* (2003), *Encontré al diablo* (2005), *The Chaser* (2008) o *Tren a Busan* (2016).

PÁNICO EN DIRECTO

[·REC]

[·REC]. 2007. España. Director: Jaume Balagueró, Paco Plaza. Reparto: Manuela Velasco, Ferrán Terraza, Jorge Serrano. Género: Terror. Infectados. Duración: 76 min.

SPANISH HORROR

«Mientras usted duerme» es un programa de televisión en directo que da a conocer aspectos de la vida nocturna en la ciudad. Esta noche, la reportera Ángela Vidal y su cámara Pablo han entrado en un parque de bomberos para mostrarnos el día a día de estos héroes de casco y corazón de acero. Tras las entrevistas de rigor, los reporteros acompañan a los bomberos en una de sus salidas, y lo que parece una noche apacible se convierte en una lucha por la supervivencia cuando todos ellos se ven atrapados en un bloque de edificios con un agresivo virus que transforma a las personas en criaturas aficionadas a la carne poco hecha.

EXPERIMENTA EL MIEDO

[·REC]

Dirigida por Jaume Balagueró & Paco Plaza

Si buscas una de miedo que te mantenga en tensión y te acelere el pulso, **si quieres asustarte como un conejo, o agarrarte a tu pareja —o al cojín correspondiente— cual koala durante más de una hora y cuarto, tienes que ver *REC*.** La película es una de las propuestas más atrevidas y originales de lo que va de siglo, en cuanto a terror se refiere. Ni sus secuelas —cuyas tercera y cuarta parte no estuvieron a la altura— ni el mediocre *remake* americano han podido relegar al olvido una cinta de culto que, de haber sido estadounidense, hoy estaría considerada en todo el mundo como uno de los hitos del fantástico contemporáneo.

EL CANAL DEL MIEDO

Dirigida por Jaume Balagueró (*Mientras duermes*, 2011) y Paco Plaza (*Verónica*, 2017), el filme podría englobarse dentro del subgénero de «metraje encontrado» o falso documental —grabaciones cámara en mano de unos hechos que simulan ser reales— que tan popular se hizo a principios de la década del 2000 gracias a la mencionada *El proyecto de la bruja de Blair* (1999). *REC* no parece una película, sino el típico programa de televisión en directo donde un deslenguado reportero nos vende una situación rutinaria como si fuera el hallazgo del Sango Grial. Estamos tan acostumbrados a dicha clase de emisiones que su narrativa nos resulta cercana, familiar y, cuando se desencadenan los acontecimientos terroríficos, da la impresión de que lo que transmite la cámara es auténtico: la reacción de los personajes, las carreras, los sustos, todo te hace creer que esas personas están pasando por un percance real como la vida misma. El germen de la historia estaba precisamente en esa búsqueda de algo que fuese distinto para el fan del género: «Dábamos vueltas a una idea —comenta Jaume Balagueró—. ¿Cómo podemos hacer una película de terror que sea diferente, que sea algo a lo que el espectador no esté acostumbrado, y que le permita al espectador vivir esa historia desde dentro? Es decir, como si fuese un actor más, como si fuese un personaje más dentro de la historia [...] Nos dimos cuenta de que había, conectado con el mundo de la televisión, una posibilidad. A partir de un reportero y una reportera que están siguiendo a unos bomberos en sus tareas nocturnas, de pronto la situación cambiaría, se convertiría en una situación de horror, pero siempre esa cámara en directo estaría grabando lo que sucede».

LA CASA DE LA ABUELA

Hay dos secuencias que sujetan y dan sentido al resto. La primera empieza nada más llegar los bomberos a la dirección del aviso, un edificio antiguo de Barcelona donde una mujer mayor, la señora Izquierdo, se ha encerrado en su piso y no para de soltar berridos. Ayudados por dos policías, los bomberos echan la puerta abajo y, cuando llegan junto a la mujer, se aprecia que la anciana no está en sus cabales y tiene la ropa interior manchada de sangre. Mientras un agente pide una ambulancia, de súbito, la señora Izquierdo se abalanza sobre él, le muerde en el cuello y los dos ruedan por el suelo. Los demás corren a separarlos, y cuando lo hacen, la agresora arranca un pedazo de cuello del agente. Con el policía herido en brazos, el otro agente y los reporteros salen corriendo del piso; en ese momento, la reportera Ángela le dice a su cámara: «Grábalo todo, por tu puta madre».

Hasta ese instante, todo lo que habíamos presenciado era lo normal de un *show* en directo: entrevistas, bromas, alguna toma falsa… Entonces llega esta salvaje escena y nos vemos dentro de una película de terror de la que somos protagonistas. Para Balagueró y Plaza era esencial conseguir que los actores estuvieran en las mismas circunstancias que el espectador, que se notará que ellos estaban viviendo lo mismo que nosotros: «Teníamos una premisa muy importante —explica Balagueró—, que era que los actores tenían que desconocer lo que iba a suceder, los actores nunca tuvieron un guion completo, es decir, no sabían exactamente qué es lo que íbamos a rodar cada día, pero sabían que tenían que estar interpretando y viviendo aquello que sucediese casi casi durante las doce horas que duraba cada día el rodaje».

TRINIDAD MEDEIROS

El momento cumbre de *REC* es la última escena: Ángela y Pablo han logrado escapar de la horda de infectados que ahora asola el edificio, y se han refugiado en el ático, un lugar repleto de símbolos religiosos que parece haber sido usado como un laboratorio. En las paredes encuentran recortes de periódico que hablan de una niña llamada Trinidad Medeiros, que supuestamente desapareció después de ser víctima de una posesión demoníaca. Ángela encuentra un magnetófono y, al ponerlo en marcha, un cura explica que la niña es víctima de un virus contagioso y que, según instrucciones del Vaticano, debe morir. En la

grabación, el cura se presta a llevar a cabo la tarea —por lo visto la tenía encerrada en un cuarto— pero comenta que si algo fallara… De pronto, la compuerta de un altillo cae junto a la reportera, que grita asustada. El reportero sube a mirar, y algo le destroza la linterna de la cámara. Entonces Pablo enciende la visión infrarroja y ayuda a Ángela, pero algo se mueve en la oscuridad, una gigantesca figura semidesnuda y deformada de mujer, que ataca al hombre y lo mata. Ángela se arrastra por el suelo, intenta lle-

gar a la cámara, pero la niña Medeiros la coge de los pies, y la periodista es engullida por las tinieblas.

«Queríamos crear un personaje emblemático, que fue la niña Medeiros —indica Plaza—. Nosotros lo que imaginamos fue una niña víctima de una posesión demoníaca que ha sido torturada, maltratada y sometida a intervenciones durante un plazo de unos 20 o 25 años. Entonces, ¿cuál sería el resultado de someter a estudios, a experimentos y todo tipo de vejaciones y privaciones a una niña? ¿Cómo sería esa niña veinte años más tarde? Y esto es lo que salió: la niña Medeiros». Bajo horas de maquillaje, el actor Javier Botet fue el encargado de encarnar a la dantesca «niña» que tanto nos asustó. De hecho, imagínate cómo sería estar en la piel de Manuela Velasco en esa escena: la actriz solo podía ver a través de la visión nocturna de la cámara, con ese monstruo alrededor… y hubo un momento en el que ella movió la cámara y se asustó realmente. Según Paco Plaza, ese instante fue el más mágico de la película, el que resumía el espíritu de *REC*.

¿Sabías qué...?

Las cuatro películas que conforman la saga no están contadas de forma cronológica. Por ejemplo: la primera y la tercera entrega suceden casi al mismo tiempo, y la segunda parte sería la antecesora de la cuarta. En este video podéis ver toda la saga explicada y en orden.

COLMILLOS EN LA NIEVE

DÉJAME ENTRAR

Låt den rätte komma in (Let the Right One in). 2008. Suecia. Basada en el libro de John Ajvide Lindqvist. Director: Tomas Alfredson. Reparto: Kåre Hedebrant, Lina Leandersson, Per Ragnar. Género: Terror. Vampiros. Duración: 110 min.

ESPECTADORES ANÉMICOS

Una fría noche de invierno, en un suburbio de Estocolmo, Oskar, un solitario niño que sufre de acoso escolar, conoce a Eli, una misteriosa cría que camina descalza y parece no tener frío. La llegada de la niña al barrio coincide con una serie de asesinatos y, aunque Oskar empieza a sospechar que su amiga nocturna es un vampiro, su atracción por ella es mucho más fuerte que su miedo.

Déjame entrar es una de esas destacables películas de terror a la que muchos sesudos críticos cinematográficos intentaron convertir en un thriller, un drama de autor o una metáfora existencial de no sé qué. Es una forma de relegar el terror solo al cine sangriento, de menospreciarlo por ser simplemente lo que es. Sin embargo, este maravilloso cuento de amistades peligrosas es una muestra más de que el género sigue muy vivo, y que todavía se pueden contar historias diferentes que cautiven al público y lo deje sin aliento… o sin buena parte de su sangre.

SILENCIO MORTAL

La película te atrapa por su atmósfera, de parajes helados y solitarios, y por sus dos personajes principales, dos niños que, por diferentes motivos, viven apartados de la sociedad

y comparten una intensa relación que va de lo inquietante a lo emocionante (brillantes Kåre Hedebrant y Lina Leandersson). En *Déjame entrar* hay pocos diálogos, y los silencios dicen más que las palabras, como bien explica su director, Tomas Alfredson: «Intenté hacer la película lo más silenciosa posible; era mi objetivo principal. Que fuese una película casi muda, que la historia se contase con el máximo silencio, con la propia acción. Que la comprensión de lo que sucede viniera de los personajes en su entorno […] El guion es muy poético y no describe exactamente lo que pasa. Describe los pensamientos y sentimientos de los personajes y otras cosas además de la historia. Es muy visual». Pese a que el director cuenta una historia de terror de forma diferente, verás que respeta las normas del cine de vampiros, y no escatima en momentos truculentos —siempre más sugeridos que mostrados—, sumamente estremecedores.

UN DÍA EN LA PISCINA

Oskar se da un baño en la piscina, durante la sesión de gimnasia del colegio. Cerca, el grupo de matones que lleva acosando al chico desde el principio de la película, engañan al profesor para que se ausente, y de esa forma entran en el recinto. Oskar permanece en el agua mientras el cabecilla del grupo saca una navaja y amenaza con sacarle un ojo si no se sumerge durante al menos tres minutos. Oskar responde: «Pero eso es imposible», y el maleante contesta: «Eso es problema tuyo»; luego le pide que coja aire, lo agarra del pelo y sumerge la cabeza del niño. El reloj de la piscina avanza implacable, los chicos que acompañan al matón se miran, nerviosos, quieren marcharse, pero su jefe se niega. A partir de aquí bajamos con Oskar al fondo de la piscina: el joven cierra los ojos y aguanta la respiración mientras el brazo de su agresor lo sujeta con fuerza. De pronto, se escucha un fuerte golpe procedente de la superficie; después hay gritos ahogados y una sombra pasa veloz por delante de Oskar, pero no la puede ver porque tiene los ojos cerrados. A conti-

nuación, aparecen unos pies, pataleando y recorriendo el largo de la piscina hacia atrás, como si alguien estuviese siendo llevado por el aire y sus piernas fuesen arrastradas por el agua; antes de alcanzar al borde de la piscina, los pies son sacados a la superficie; acto seguido, una cabeza cortada se da un chapuzón detrás de Oskar. Para finalizar, la mano que sujeta la cabeza del crío suelta su cabello, y descubrimos el motivo: el brazo del maleante ha sido cortado de cuajo. Ahora otra mano coge al chico del hombro y lo sube. Oskar por fin abre los ojos para observar a Eli, su salvadora. El niño sonríe, mientras la niña —con la cara ensangrentada— intuimos que hace lo mismo, porque no se nos muestra su boca. La secuencia se cierra con una imagen de la piscina, donde se pueden observar a tres niños masacrados, tumbados sobre sendos charcos de sangre.

BAJO LA SUPERFICIE

«Mi escena favorita, así como la más desafiante —explica Tomas Alfredson—, es la escena de la piscina al final de la película. Se necesitaron cientos de horas con todas las personas involucradas para hacer realidad esta única secuencia. Fue realmente un esfuerzo duro y me encanta cada fotograma». Esta secuencia para el recuerdo tiene las tres eses: suspense, sorpresas y sangre. No llegamos a ver en ningún momento a Eli asesinar a los matones, pero presenciamos el resultado de sus ataques, y nos sorprenden más que si nos los enseñasen, ya que no sabemos qué siguiente atrocidad se va a cometer, todo es inesperado: «Creo que el miedo es algo que sientes antes de que suceda —continua el director—. El miedo trabaja en tu mente cuando estás imaginando cosas. Detrás de esa cortina, ¿hay algo parado allí o es solo un par de zapatos vacíos? Si hubiera una persona real saliendo de detrás de la cortina, eso no sería tan aterrador. Así que traté de hacer eso jugando con cosas que encien-

den tu imaginación». También el sonido juega una parte fundamental en la secuencia, y por ende en la película. A lo largo de su metraje, el director hace que el espectador sienta los sonidos como lo perciben los dos personajes principales: «El paisaje sonoro se concentra para acercarse lo más posible a los niños. A veces estás tan cerca de ellos que escuchas sus latidos, y no son latidos sobregrabados. Les hemos agregado mucho sonido humano: las lenguas moviéndose en sus bocas, el sonido de tragar, respirar, manos moviéndose lentamente sobre la tela seca de invierno». De tal manera, se consigue que estemos muy atentos a los sonidos que se producen bajo el agua cuando Eli destroza a los gamberros... ¡Y son realmente estremecedores!

Respecto a los efectos especiales, la máxima dificultad de la escena fue el momento en el que uno de los chicos era llevado en volandas por Eli, mientras sus pies aparecían bajo el agua de la piscina. Se construyó un brazo de madera que pudiera aguantar el peso de una persona, y se colocó en un soporte con ruedas que se deslizaba por una vías. El doble se ataba con una cuerda al brazo de madera y —mientras el soporte avanzaba—, metía los pies en el agua. El resto de la secuencia dependió de la coordinación y pericia de los encargados de lanzar miembros humanos al fondo de la piscina al grito de «acción».

¿Sabías qué...?

El título de la novela de John Ajvide Lindqvist y el de la película —en inglés *Let the Right One in*—, hace alusión a "Let the Right One Slip In", canción del famoso músico inglés Morrissey. En 2010 se estrenó un muy digno remake norteamericano, que en español conservó el título, pero que en inglés se llamó *Let Me in*.

FANTASMAS Y PALOMITAS

EXPEDIENTE WARREN: THE CONJURING

The Conjuring (Warren Files). 2013. Estados Unidos. Director: James Wan. Reparto: Vera Farmiga, Patrick Wilson, Lili Taylor. Género: Terror. Casas encantadas. Duración: 112 min.

SUSTOS PARA TODOS

Tras mudarse a su nueva casa en Rhode Island, los Perron son víctimas de una fuerza maligna que habita en el lugar. Ante la escalada de ruidos, apariciones y otros sucesos inexplicables, Carolyn Perron pide ayuda a los Warren, una pareja de expertos de lo paranormal. Al llegar a la casa, Lorraine Warren le cuenta a su marido que allí han ocurrido una serie de hechos terribles, y percibe una presencia diabólica realmente poderosa. Para expulsar dicho mal, los Warren deberán averiguar el nombre y el origen del demonio, antes de que sea demasiado tarde para alguno de los miembros de la familia.

Si existiera un premio para reconocer la película de terror más palomitera e influyente de lo que va de siglo, *The Conjuring* tendría todas las de ganar, y su secuela, *El caso Enfield*, estaría entre las candidatas a subirse al podio. La cinta es una fiesta terrorífica para todos los públicos que —con sus buenos sustos y golpes de efecto—, no descuida otros elementos necesarios para que una película enamore, como el desarrollo de unos personajes con los que sentirse identificados, una ambientación adecuada o el sentido del suspense, esa herramienta que tanto se echa en falta en el cine actual. *The Conjuring* supuso la confirmación de James Wan, uno de los realizadores más importantes del terror actual, y abrió la puerta a una franquicia repleta de secuelas, *spin offs* y muñequitos que dan grima.

LOS WARREN

La película se basa en uno de los hechos documentados por Ed y Lorraine Warren, dos demonólogos muy conocidos en Estados Unidos, de cuyas —a veces— controvertidas investigaciones se hacían eco los medios de comunicación. Para la creación de sus personajes, los actores Vera Farmiga y Patrick Wilson pasaron varias semanas conviviendo con Lorraine, ya que Ed había fallecido unos años antes: «Lamentablemente no pude conocer a Ed —señala Patrick— pero ella era abierta y una persona muy sincera [...] Con ella traté de averiguar si alguna vez hubo un punto en su relación en el que dudaran de lo que estaban haciendo, porque nosotros lidiábamos con eso en la película, y ella: "No, nunca, siempre estuvimos juntos", y ves ese amor que ella tiene y entonces sabes; creo que para mí eso dice mucho sobre su relación, y específicamente sobre la forma en la que Ed era con ella». Tal acercamiento a los Warren se nota en la historia. Los actores comprenden a sus personajes, y a través de ellos el público siente la química que existía entre los dos. Para Wan, los Warren son: «Los héroes de la historia, la inquietante realidad no los persigue. Está persiguiendo a otra familia. Ellos son los que vienen a investigar, determinando que hay algo aquí en este lugar, en esta tierra de cultivo, en esta casa. ¿Cómo hago que eso también asuste a los héroes de la película? Ese, creo, fue mi mayor desafío para este filme».

ESCÓNDETE Y APLAUDE

Los mejores momentos de la película están asociados a la creación de atmósferas y a mantener la incertidumbre del espectador hasta el instante oportuno. Un ejemplo preciso es la secuencia por la que Carolyn Perron (Lili Taylor) decide acudir a los Warren. Por la tarde, la mujer ha estado jugando con una de sus cinco hijas a una variante del juego del escondite, donde el que se esconde da unas palmadas de aviso. Ahora es de noche, Carolyn está en su

cuarto, oye un ruido y piensa que las niñas todavía andan despiertas. Tras comprobar que duermen, un estruendo la sobresalta: los cuadros familiares colgados en la escalera se han caído y hecho añicos. Baja a la planta baja y entra en el salón. No hay nadie. El repentino sonido de dos palmadas la pone en alerta. La puerta del sótano chirría y se abre levemente. Carolyn se asoma, enciende la luz y dice: «Seas quién seas te dejaré encerrado». Al girarse para salir no se da cuenta de que la puerta se ha cerrado, choca con ella y rueda escaleras abajo. Cuando se incorpora, una pelota sale botando de un armario. Ella sale a la carrera, mientras la única bombilla que hay en el sótano estalla. Carolyn grita, pide auxilio, después saca una caja de cerillas y enciende una, mientras no muy lejos escucha una risita. La mujer ha logrado subir las escaleras y, con el pánico en su rostro iluminado, apunta la llama hacia abajo. La cerilla se extingue, la oscuridad es absoluta. **Carolyn, desesperada, raspa tan rápido como puede una segunda cerilla, escruta las tinieblas, y oye: «¿Jugamos a las palmadas?».** El fósforo arde, la mujer dirige la llama enfrente suya, y de pronto surgen un par de manos a la altura de su hombro… y dan dos palmadas.

MIEDO A LA VIEJA USANZA

Wan llevaba un tiempo deseando dirigir un largometraje de casas encantadas, y esta era una oportunidad perfecta de rodar una historia clásica de miedo —con ecos a obras similares como *Amityville* o *El exorcista*— pero con personalidad propia y un gusto por los detalles que sorprendiese al público: «La regla aquí es "menos es más" —explica el realizador—. Una puerta que cruje o el pelo erizado de un perro es suficiente para resultar terrorífico. Cuando

hago una entrega de *Saw*, es todo lo contrario, "más es más" [ríe]. Cada película pide una cosa distinta». El director elabora las secuencias espeluznantes pensando en el miedo a la oscuridad que reside en cada uno de nosotros, en lo que creemos o queremos ver que hay oculto en el interior de esas sombras que hay en el armario, en el sótano, o en lo que imaginamos que escucharemos en un momento dado: «El tipo de películas que me encantan —señala Wan— tienen un personaje caminando por un pasillo y dices: "¿Acabo de ver a alguien detrás de las cortinas?" Me encanta eso. Me encanta la idea de jugar con el público y poder aprovechar esa tensión. Efectivamente, crees que ves algo más tarde, o no ves algo y luego... es solo tratar de encontrar ese equilibrio». En la escena del sótano esperas que aparezca un horrible fantasma, una cara diabólica o un sonido de ultratumba, nada te previene contra esas sorprendentes manos y las sonoras palmadas que te hacen saltar del asiento. Wan siempre va más allá de lo que espera un espectador de una película de miedo: «Las audiencias de películas de terror de hoy en día son muy inteligentes. Siempre tienes que tratar de estar un paso por delante, para intentar que sea divertido para ellos. No me gustan las películas de terror predecibles. Pero es mucho más fácil decirlo que hacerlo».

¿Sabías qué...?

Cuando la película se llevó a Filipinas, trascendió que, durante los pases previos al estreno, varios espectadores se quejaron de que habían notado una «presencia negativa» después de ver el filme. Para contrarrestar este «boicot diabólico», algunas salas contrataron sacerdotes para que bendijeran a los espectadores antes de que vieran la película. Los mismos religiosos también se ofrecieron en calidad de psicólogos y guías espirituales. Tres por uno.

NO MIRES ATRÁS

HEREDITARY

Hereditary. 2018. Estados Unidos. Director: Ari Aster. Reparto: Toni Collette, Gabriel Byrne, Alex Wolff. Género: Terror. Sobrenatural. Duración: 126 min.

ESPANTO COTIDIANO

Charlie Graham es una niña introvertida que comienza a comportarse de un modo bastante raro: le corta la cabeza a una paloma y hace unos extraños ruidos con la lengua. Su madre, Annie, llega a la conclusión de que el cambio que se ha producido en su hija tiene que ver directamente con el reciente fallecimiento de la abuela, una mujer que siempre

mantuvo en secreto sus aficiones al ocultismo y la brujería. Poco después, un terrible suceso cambiará el signo de los acontecimientos para la familia Graham.

Título indispensable, quizá la mejor película de terror de la década del 2010. La ópera prima de Ari Aster es un manual de cómo hacer una buena cinta de género. *Hereditary* es terror clásico, en el que importa la historia, la ambientación y los actores. Sin estridencias y con medidos —pero geniales— sustos y raciones de hemoglobina, la película te quitará el sueño a golpe de escenas inesperadas y chocantes.

CONSTRUYENDO EL TERROR

«Es realmente difícil saber de dónde vino esta película —explica el director—. Empezó con unas pocas imágenes. Hay algunas *set pieces* en ella que se me ocurrieron antes que todo lo demás, y luego simplemente sabía que quería hacer una película que sirviera como una reflexión seria sobre la pérdida y el trauma.

Cuando intentaba venderla, la describía como una tragedia familiar que se convierte en pesadilla, de la misma manera que la vida puede parecer una pesadilla cuando te sobreviene alguna catástrofe». La tragedia a la que se refiere el director procede de situaciones cotidianas que podrían pasarle a cualquiera, y al convertirse en pesadilla se profundiza en el dolor, la frustración y la locura de una familia como lo haría un drama de los que habitualmente tienen varias nominaciones a los Oscar; al mismo tiempo, se van introduciendo elementos inquietantes y esotéricos para que la audiencia no sepa exactamente por dónde van a ir los tiros; de tal manera, cuando llegan las sorpresas, como espectador no puedes evitar llevarte la mano a la boca y abrir —o taparte— los ojos. Y eso solo es el inicio de lo que está por venir.

SOBRE EL ASFALTO

La estructura de *Hereditary* es muy similar a la de *Psicosis*, con un giro sorprendente a mitad de la película. Igual que en la obra maestra de Hitchcock, la víctima es un personaje femenino y, literalmente, las dos secuencias terminan con dos cuerpos en el interior de un automóvil.

Puede que Charlie Graham sea el patito feo de la familia; no es una niña agraciada, habla poco y tiene pinta de que es la única que ha sentido la muerte de su abuela. Podríamos empatizar con ella si no decapitase palomas, coleccionara extraños trofeos y paseara con la mirada perdida. Su hermano, Peter, es un adolescente que se comporta como un adolescente, y cuando su madre le pide que lleve a Charlie a una de sus fiestas nocturnas, se cabrea por el simple hecho de querer llevar la contraria. El muchacho al final transige y, cuando llegan a la fiesta, él va a colocarse con sus amigos y deja a la cría sola. El destino se conjura para que Charlie pruebe un pastel que le acaba produciendo una fuerte reacción alérgica. Peter monta en el coche a su hermana y conduce a toda velocidad en dirección a un hos-

pital. Charlie siente que se asfixia, Peter procura calmarla, pero ella, desesperada, baja la ventanilla y saca la cabeza para respirar. **En ese momento, los faros del coche iluminan un venado muerto en mitad de la carretera. Peter lo esquiva como puede, con tan mala fortuna que la cabeza de la niña choca brutalmente contra un poste de la luz.** El joven recupera el control del auto y frena. El vehículo parece insignificante en medio de la nada. Peter no se atreve a girarse hacia el asiento trasero, ni a mirar el retrovisor, y mantiene la vista hacia delante mientras sus ojos se humedecen. El chico se aferra al volante y arranca el motor. Se pone en marcha y conduce hasta su casa. Entra en su cuarto y permanece tumbado en la cama hasta la mañana siguiente, con los ojos abiertos pero sin la vista puesta en ningún lado; de lejos escucha a su madre, despidiéndose de su marido para ir a hacer la compra. Segundos después se oye el llanto desgarrador de Annie, que ha encontrado el cuerpo de su hija en el asiento trasero del coche. Seguimos escuchando las muestras de su

dolor, pero ahora, de pronto, vemos la cabeza de Charlie sobre el asfalto, desfigurada y cubierta de hormigas.

RUMBO A LO DESCONOCIDO

Nada te prepara para una secuencia de tal envergadura. Nunca esperas que el director se atreva —después de imaginarnos el cuerpo de Charlie dentro del auto—, a enseñar un primer plano de la cabeza cortada de una niña. Resulta tremendamente incómodo mantener la mirada los eternos ocho segundos que dura ese plano... es como

observar a la muerte a los ojos. «Sé que yo, como espectador, siempre estoy esperando eso de una película —dice Aster—. Ese momento me dice que ya no tengo el control de esta experiencia y estoy en manos de un cineasta, personalmente estoy muy cansado de ir a ver películas y saber adónde se dirigen». Esta secuencia le sirve a Aster para dar una vuelta de tuerca a la historia. La muerte de Charlie acaba por hacer trizas la estabilidad mental del ya desgastado núcleo familiar, e impulsa el filme hacia una espiral de ¿locura? ¿terror sobrenatural? Pero no te preocupes, hay una explicación para lo que sucede y podrás sacar tus propias conclusiones. Para el rodaje de la escena se corrieron los mínimos riesgos posibles, y Alex Wolff, el actor que interpreta a Peter, fue sustituido por un doble cuando el coche gira y derrapa. Aun con esas, Alex estuvo incómodo y sudó bastante en los planos donde intentaba controlar el auto, pues aunque realmente no estaba conduciendo, para que no se moviera demasiado le ataron al asiento, y un técnico le sujetaba las piernas desde abajo. Mejor se lo pasó Milly Shapiro —Charlie— que casi no tuvo que simular que se asfixiaba, pues mientras colgaba de la ventanilla le pusieron delante unos enormes ventiladores que recreaban viento, humo y niebla, y que apenas la dejaban respirar: «Fue genial», dijo la niña después de ser «decapitada».

¿Sabías qué...?

Milly quiso quedarse con la cabeza cortada de sí misma que fue confeccionada para la escena, pero no pudo ser: «La creación de la cabeza fue tan extraordinaria que realmente quería tenerla, pero no pude, lo cual es triste, pero está bien, ya que la tendré en mi corazón para siempre... Le estaba diciendo a mi madre y a algunos de mis amigos que podríamos haberla puesto como centro de mesa y actuar, como si no fuera gran cosa, cuando la gente viniese, y tener algo de fruta alrededor también».

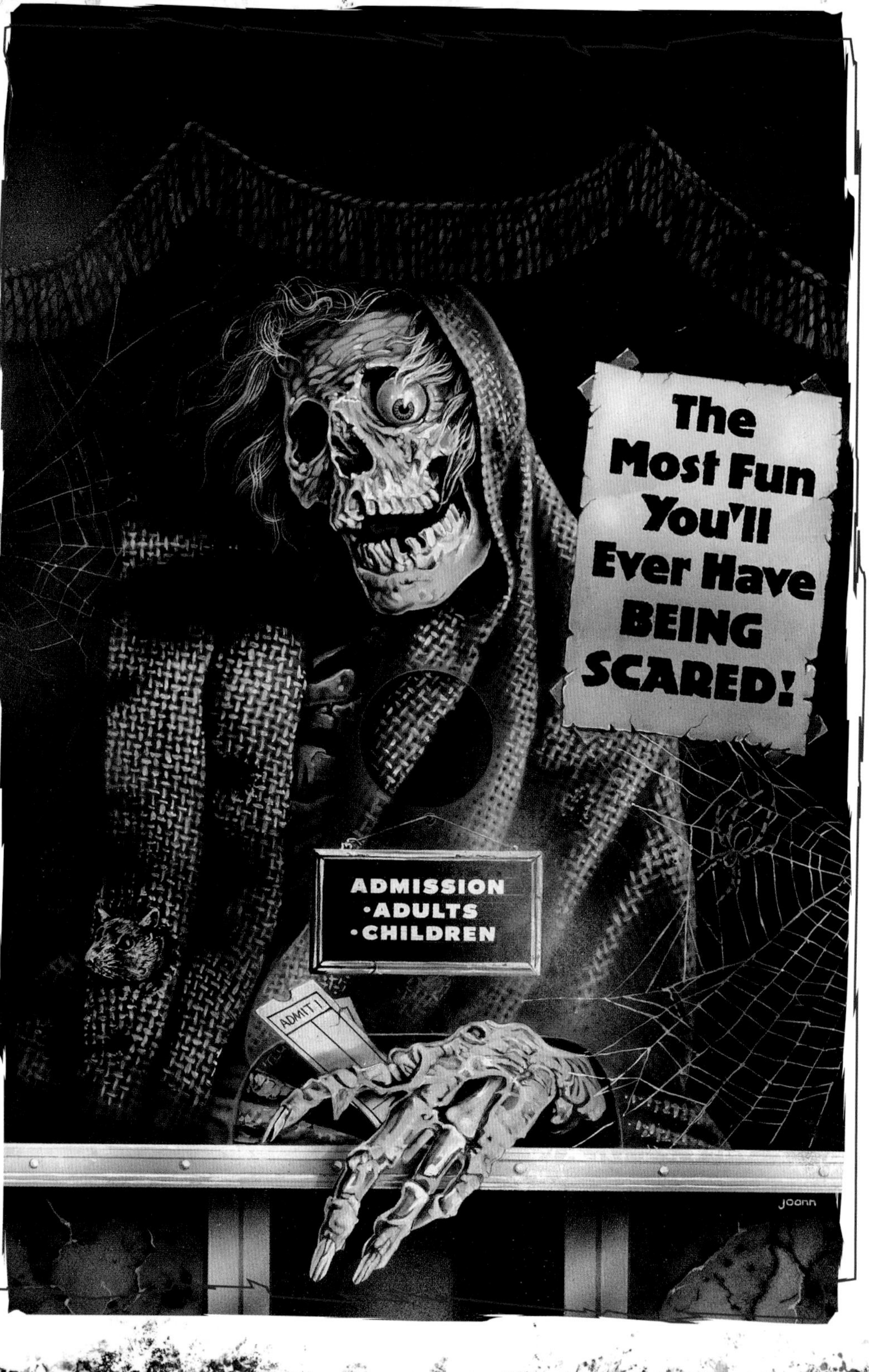
The Most Fun You'll Ever Have BEING SCARED!
ADMISSION
·ADULTS
·CHILDREN
ADMIT 1
JOANN

EXPEDIENTE STEPHEN KING

CON EL DEPóSITO LLENO

os grandes momentos del cine de género del siglo XX y XXI están indiscutiblemente ligados a las adaptaciones cinematográficas del rey del terror. Stephen Edwin King nació en Portland, Maine, el 21 de septiembre de 1947. Escritor desde muy joven, vendía sus cuentos a compañeros del colegio, y con el paso de los años fue aficionándose al género fantástico gracias a los relatos de H. P. Lovecraft y a las películas de serie B de los años cincuenta. Durante su periodo en la universidad conoció a Tabitha Jane Spruce, la mujer de su vida, con la que se casaría en 1971. Después de licenciarse en arte inglés, King dio clases en una academia, pero debido a la falta de dinero, él y su familia —su primer hijo, Joe Hill, nació en 1972— tuvieron que malvivir en un remolque. En 1974, el autor escribía sin parar —aunque también había comenzado a beber sin parar—, pero fue su esposa quien le alentó para que intentara publicar una novela que acababa de tirar a la basura: se titulaba *Carrie*, y fue su primer éxito editorial. En plena efervescencia creativa, y ya dedicado por completo a la escritura, sus siguientes libros se convertirían en superventas (*El misterio de Salem´s Lot, El resplandor, El umbral de la noche*), y Hollywood no tardó en llamar a su puerta para explotar la gallina de los huevos sangrientos. El primer huevo que eclosionó fue *Carrie* (1976), de Brian De Palma, y en pocos años la mayoría de sus libros alumbrarían un gemelo de celuloide: *El resplandor* (1980), *Creepshow* (1982), *Cujo* (1983), *La zona muerta* (1983), y *Christine* (1983) eran el reflejo de una época de esplendor que vivió tanto el cine de miedo como el maestro del mismo. A King le picó el gusanillo cinéfilo —en parte porque estaba descontento con las adaptaciones que habían cambiado el sentido de sus historias, véase *El resplandor*— y, en 1986, se atrevía a pedir a un amigo, el productor Dino De Laurentis, dirigir

la adaptación de «Camiones», un relato perteneciente a la antología *El umbral de la noche*. El productor dio el sí, y King, que por entonces nadaba en alcohol y tomaba drogas como si fuesen gominolas, terminó el rodaje de *La rebelión de las máquinas* (1986) sin apenas acordarse de lo que había hecho. Y claro, así salió la película, que no pudo salvar ni Emilio Estévez ni aquel curioso camión maligno con el morro del Duende Verde. King no volvió a dirigir, y la industria hollywoodiense continúa exprimiendo sus innumerables novelas y cuentos para atraer a los espectadores de todo el mundo. Larga vida al Rey.

TODOS SOMOS ELLA

CARRIE

Carrie. 1976. Estados Unidos. Basada en un libro de Stephen King. Director: Brian De Palma. Reparto: Sissy Spaceck, Piper Laurie, Amy Irving. Género: Terror. Sobrenatural. Duración: 97 min.

SORPRESA, SORPRESA

Carrie es una chica introvertida que vive con su madre, una fanática religiosa que la reprime y humilla continuamente. Por si esto fuera poco, en el instituto nadie quiere su compañía, y sufre un brutal acoso escolar por parte de sus compañeras de clase. Pero ella esconde un secreto: cuando se siente agredida es capaz de mover objetos con su mente. ¿A qué escala? Sus intolerantes acosadores están a punto de comprobarlo.

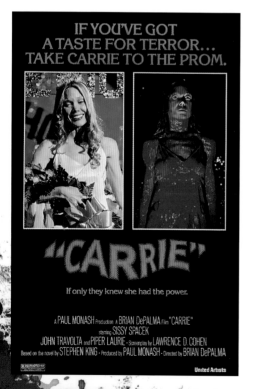

El libro que catapultó al estrellato a Stephen King también se convirtió en una brillante adaptación y en un taquillazo imparable. La película —que dio inicio a todo un tsunami de adaptaciones kingnianas—, significó la ratificación del inmenso talento de su director, Brian De Palma, que en los siguientes lustros realizó producciones del calibre de *El precio del poder* (1983), *Los intocables de Eliot Ness* (1987) o *Misión imposible* (1996). **Si alguna vez te has preguntado qué título puso de moda los sustos al final de las películas de miedo, aquí tienes la respuesta.**

EL PODER MENTAL DE BRIAN DE PALMA

Si *Carrie* es una de las mejores adaptaciones de una obra de Stephen King es, en buena medida, gracias al ejercicio de virtuosismo de Brian De Palma, que tira de recursos cinematográficos —planos secuencia, pantallas divididas, cámara lenta— de forma imaginativa y barroca. De Palma había dirigido varias películas interesantes rela-

cionadas con el fantástico, por lo que a mediados de los años setenta ya era alguien valorado en la siempre difícil industria hollywoodiense. Un amigo suyo le habló sobre el libro de King, y tras leerlo supo que podía hacer una buena película con ese material. En poco tiempo estuvo al mando de la adaptación y, mientras se iniciaba el rodaje, De Palma creó la película en su cabeza y después la dibujó a través de *story boards*; por tanto, cuando sonó por primera vez la claqueta y se gritó «acción» en el set, el director tenía interiorizado cada plano de la película y sabía cómo debía rodarlo.

La cinta es fiel al espíritu del libro, a pesar de que tuvieron que hacer varios cambios por cuestiones presupuestarias. Se consiguió un reparto de auténtico lujo —con secundarios como Nancy Allen o John Travolta—, y el compositor Pino Donaggio realizó una de las bandas sonoras más geniales y reconocibles del cine de terror.

COMIENZA EL BAILE

Sue Snell ha sido una de las chicas que se ha burlado de Carrie, pero ahora se arrepiente de sus actos, y pide a su novio Tommy que invite a la chica al baile de graduación; espera que así la tímida joven pueda sentirse integrada. Tras una primera negativa, Carrie acepta; no puede ni imaginar que sus acosadores —Chris y Billy— conocen su decisión y planean gastarle una cruel broma durante el festejo.

El último tercio de la película, más de media hora, se puede ver como una gran secuencia. En sus primeros compases, la cámara se recrea en la sala donde se celebra el baile de graduación: «Quería mostrar que ese es el mundo que va a ser destruido —explica De Palma—, así que hice una toma del tipo Dios de este mundo —un plano aéreo realizado con una grúa—, luego bajas y presentas a todos los personajes, y ya sabes que el drama ocurrirá aquí». A continuación, el baile entre Carrie y Tommy resulta un pasaje memorable, donde la cámara da vueltas a su alrededor hasta alcanzar una velocidad vertiginosa; se trata de una forma de enfatizar la emoción que sienten ambos en esos instantes. Dicho efecto se consiguió colocando a los actores en una plataforma giratoria, mientras el cámara corría detrás de ellos. Acto seguido, De Palma emplea de nuevo la grúa para enseñarnos los planes de los rastreros bromistas que, escondidos entre bastidores, sujetan una cuerda que la cámara va siguiendo en su recorrido hasta lo alto del escenario, donde descubrimos que está atada a un cubo que contiene sangre de cerdo. Cuando se anuncia a los ganadores de los reyes del baile, desde el cubo vemos a Carrie y Tommy dirigirse a su destino.

DESPECHÁ

Chris tira de la cuerda. El cubo se vuelca y una enorme lengua de sangre cae sobre Carrie, cubriéndola por completo. El público enmudece, y cuando Tommy clama por el culpable, el cubo lo golpea en la cabeza y lo deja inconsciente. Carrie, en shock, se lleva las manos a la cabeza y mira a los invitados. Su madre tenía razón: «Todos se van a reír de ti», le decía. La odian. Se ríen de ella, se burlan de ella. Los poderes telequinéticos de Carrie se desatan segundos después de que Chris y Billy escapen del pabellón: primero cierra las puertas de salida, a continuación usa las mangueras anti incendios para atacar a los que intentan huir. El agua provoca un cortocircuito y mata a varias personas. Una parte del techo se desploma y revienta a la señorita Collins, la profesora de gimnasia. El escenario se incendia. Carrie baja del podio, como ida, rodeada de gritos de desesperación. El fuego devora el edificio. Las puertas se abren para dejar salir a Carrie, y se vuelven a cerrar a su espalda.

Esta secuencia final es como una presa tras una gran inundación: sabes que va a reventar y revienta, llevándose todo por delante. La sangre que ducha a Sissy Spaceck es jarabe de Karo y colorante, aunque hubo un productor que pensó que era hemoglobina real de cerdo y se lo recriminó al director. El siguiente instante a destacar se produce cuando Carrie escucha las primeras risas tras caer el cubo: la cámara pasa a ser la visión subjetiva de la trastornada muchacha, que imagina que el público se mofa de ella, cuando en realidad todo está en su mente. De inmediato, la joven comienza a usar sus poderes, momento en el que De Palma divide la pantalla, un recurso cinematográfico interesante pero que al director no terminó de convencer. En un lado vemos a Carrie, y en el otro sus poderes en

acción arrasando la sala de fiestas. A este respecto, De Palma habla de una cuestión clave para que seamos capaces de empatizar con la joven: «Los poderes de Carrie siempre fueron una extensión de su sentimiento emocional, algo que surgió de su rabia hacia las chicas, hacia los cigarros, rabia hacia el niño que se burla de ella, y esa fue siempre la forma en que pensé que funcionaría, tenía que funcionar emocionalmente. Simplemente no podía estar haciendo que las cosas flotaran porque podía manipular

objetos con la mente». En el momento cumbre de la secuencia, Carrie baja del escenario y el fuego crece a su alrededor. A Spaceck no le importó pasar más calor de la cuenta, y eso que las llamas solo estaban a cuatro metros de distancia y llegaban a más de tres metros de altura. Además, el jarabe que hacía de sangre se calentaba sobre su piel, pero la actriz aguantó como pudo, y dejó para el recuerdo esa poderosa imagen de dama que surge del infierno, vengativa e imparable.

¿Sabías qué...?

Piper Laurie ganó un merecidísimo Oscar a mejor actriz secundaria como la obsesiva madre de Carrie. Su interpretación corresponde a una larga tradición de fanáticos religiosos que pululan por las novelas de Stephen King. Podrás encontrar otros ejemplos de «verdaderos creyentes» igual de «divertidos y cercanos» en libros como *Apocalipsis* (1978) o *La niebla* (1980).

MIEDOS NOCTURNOS

EL MISTERIO DE SALEM´S LOT

Salem´s Lot. 1979. Estados Unidos. Basada en un libro de Stephen King. Director: Tobe Hooper. Reparto: David Soul, Bonnie Bedelia, James Mason. Género: Terror. Sobrenatural. Duración: 184 min.

LA CASA MARSTEN

Buscando inspiración para su nuevo libro, el escritor Ben Mears vuelve a Jerusalem´s Lot, el pueblo donde creció. El lugar no ha cambiado mucho, y la vetusta casa Marsten, que tanto miedo le dio de pequeño, aún gobierna la localidad. Decidido a escribir sobre ella, se entera de que ha sido comprada por un misterioso anticuario. En las noches posteriores a su llegada, empiezan a suceder hechos extraños, y varias personas recientemente fallecidas regresan a la vida convertidas en vampiros.

El misterio de Salem´s Lot (Salem´s Lot, 1975), es una enérgica y clásica historia de vampiros que nació fruto de una relectura que King hizo del Drácula (1897) de Bram Stoker: «Una noche, mientras revivía por segunda vez las aventuras del sanguinario conde, pregunté a mi esposa qué habría ocurrido si Drácula hubiera aparecido en la América de los años setenta. "Probablemente habría acabado atropellado por un taxi", me respondí a mí mismo con una carcajada». La idea siguió dando vueltas en la cabeza del escritor, hasta que se le ocurrió trasladar al vampiro a una pequeña población norteamericana llena de secretos, tema que sería una constante en su bibliografía: «Se trata de un libro sobre vampiros, aunque también es un libro sobre casas silenciosas, sombras ocultas, de personas que ya no son lo que eran. En cierto modo, se parece más a La invasión de los ultracuerpos de lo que se parece a Drácula».

The ultimate in terror!

SALEM'S LOT

"SALEM'S LOT: The Movie"
Starring DAVID SOUL · JAMES MASON · LANCE KERWIN
BONNIE BEDELIA · LEW AYRES · Produced by RICHARD KOBRITZ
Executive Producer STIRLING SILLIPHANT · Screenplay by PAUL MONASH
Based on the Novel by STEPHEN KING · Directed by TOBE HOOPER
From Warner Bros. A Warner Communications Company

ATMÓSFERA MARCA HOOPER

El éxito de *Carrie* dio pie a que el estudio Warner Bros se interesara en trasladar al cine el segundo libro de King. Una vez se puso en marcha la pre producción, Warner se encontró con un problema, pues en 1979 se esperaban dos grandes estrenos vampíricos: el Drácula de John Badham y el Nosferatu de Werner Herzog. Con tal competencia, la productora manejó la alternativa de cambiar cine por televisión, y propuso al escritor rodar una miniserie de cuatro horas con un holgado presupuesto de cuatro millones de dólares. King aceptó, si bien tuvo dudas sobre si el formato sería el idóneo. *El misterio de Salem´s Lot* (1979) fue dirigida por Tobe Hooper, y su acogida en el canal CBS fue tan grande —se emitió en dos episodios de dos horas—, que llegó a estrenarse en salas comerciales con estupendos resultados. El director de *La matanza de Texas* dota al telefilme de un tono gótico y siniestro, donde tiene cabida un oscuro y viejo caserón, un siniestro e inteligente mayordomo —magnético James Mason—, y Kurt Barlow, un vampiro con reminiscencias a *Nosferatu* (1922). El vampiro fue interpretado por el actor Reggie Nalder, al que casi no le hacía falta maquillaje para asustar. En el bando de los buenos, David Soul no cumplió las expectativas de su personaje protagonista, pero el plantel de secundarios, compuesto por actores como Bonnie Bedelia, Ed Flanders o Elisha Cook Jr., bordaron sus papeles.

ARAÑANDO LA VENTANA

Algunas de las imágenes de *El misterio de Salem´s Lot* todavía siguen vivas en las memorias de quienes fueron niños en aquella época, como aquellas en las que aparece Burlow y, especialmente, las protagonizadas por Danny Glick cuando recibe la visita de Ralphie, su hermano recién fallecido.

Es de noche, Danny se remueve en su cama, como si tuviera pesadillas. Mientras, **al otro lado de la ventana de su cuarto se forma una neblina, y de allí surge la figura de un niño que, vestido con un pijama, flota en el aire y araña el vidrio sin cesar.** Danny se levanta y, como si estuviera hipnotizado, abre la ventana. Ralphie entra volando en dirección a su hermano; sus ojos son de color amarillo, y al abrir la boca deja a la vista dos pequeños colmillos. La segunda escena transcurre en el hospital donde Danny ha sido ingresado después de su primer encuentro con Ralphie. El vampiro vuelve a llamar a la ventana, y Danny deja pasar a su hermano de nuevo. Esta vez Ralphie se abalanza sobre su víctima y le muerde en el cuello, causándole la muerte.

Las dos secuencias continúan siendo inquietantes a más no poder. El efecto de levitación de Ralphie no se hizo con cables, sino mediante la creación de un traje corporal que iba unido a una grúa que se movía detrás suyo, y que en parte estaba camuflada por la niebla: «Queríamos transmitir la sensación de flotar —comenta el productor Richard Korbitz—, y el efecto es horrible, porque sabes que no hay cables. Tiene una calidad es-

calofriante». Para dar más sensación de irrealidad, la secuencia se empezó a grabar por el final y terminó en el principio, para luego reproducirla al revés. En la primera toma, Ron Scribner, el niño que interpretaba a Ralphie, tenía que morder a Danny y después alejarse de él: «Incluso el rascado se hizo al revés —admite Scribner—. Así que pongo mis manos, mis uñas, en la ventana y luego las levanto. Fue un movimiento antinatural para mí, y Tobe Hooper me guio en cada paso del camino».

¿Sabías qué...?

En España, la miniserie se emitió íntegra, pero para su comercialización en video se redujo su metraje a la mitad, y se cambió el título por el de *Phantasma II*. A los que perpetraron este despropósito podría hacerles compañía Larry Cohen, el guionista de la miniserie, que aprovechó su reputación —dirigió y escribió cosas muy decentes— para rodar *Regreso a Salem´s Lot* (1987), una «secuela» cutre, barata y directa a VHS que no compartía vínculos con la obra de Tobe Hooper.

NOCHES DE FIESTA EN EL OVERLOOK

EL RESPLANDOR

The Shining. 1980. Reino Unido. Director: Stanley Kubrick. Reparto: Jack Nicholson, Shelley Duvall, Danny Lloyd. Género: Terror. Sobrenatural. Duración: 146 min.

SÍNDROME DE ESTOCOLMO TERRORÍFICO

Jack Torrance es un escritor que ha sido contratado para trabajar en el mantenimiento del hotel Overlook, un gigantesco hotel situado en las montañas de Colorado que cierra sus puertas durante el invierno y suele quedar aislado por la nieve. Para Jack es el lugar ideal para escribir su nueva novela, acompañado de su mujer Wendy y su hijo Danny; pero, al poco de establecerse, el escritor da síntomas de irritabilidad y pereza, mientras Danny —que posee habilidades extrasensoriales— tiene unas espantosas visiones y teme que algo terrible esté a punto de pasarle a él y al resto de su familia.

Título fundamental del cine fantástico, la película de Stanley Kubrick es, ante todo, una obra de arte que salta por encima de los lugares comunes del género para desasosegar sin necesidad de sustos o escenas sangrientas. Todo el terror psicológico que pudiera caber dentro de un filme, está aquí contenido, **una Capilla Sixtina del miedo que se puede ver mil y una veces, porque en cada visionado siempre encuentras un detalle nuevo, una estremecedora genialidad que habías pasado por alto.**

KUBRICK VS. KING

En la década de los setenta, Stanley Kubrick era un director consagrado con varios monumentos cinematográficos en su haber: *Espartaco* (1960), *Lolita* (1962) o *2001: Una odisea en el*

espacio (1968). Siendo un realizador de culto, Kubrick también anhelaba el reconocimiento del gran público, y cada fracaso en taquilla suponía para él una llamada del teléfono rojo. Su última película, *Barry Lyndon* (1975), no recaudó lo suficiente, y eso le impidió acometer su más ambicioso proyecto, una versión de Napoleón con Jack Nicholson en el papel del emperador francés. Kubrick también fue un artista que siempre quería demostrar que era el mejor en todo, y cuando vio que algunos prestigiosos directores habían alcanzado altas cotas de calidad haciendo películas de terror comerciales —William Friedkin en *El exorcista* o Brian de Palma en *Carrie*—, se puso a buscar material literario, y terminó encontrando *El resplandor*, de Stephen King, un libro que le recordaba a *El hotel azul*, una novela de un tal Stephen… Crane que le había gustado hacía unos años. El libro de King estaba repleto de fantasmas y eventos sobrenaturales, y eso a Kubrick no le interesaba demasiado. Quería que el terror fuera un reflejo de la psique y de los temores de los personajes, y prefería que los elementos terroríficos —los ecos fantasmales que habitaban el hotel— no fueran determinantes en la trama. El productor Jan Harlan se olió que la relación entre escritor y director no iba a ser la mejor: «Yo sabía que cambiaría la novela, cuando compró los derechos de *El resplandor*, se reservó el derecho a hacer eso». En efecto, el director contrató a la escritora Diane Johnson para que reescribiera el texto y le confiriera mayor profundidad psicológica. No contento con destrozar su libro, Kubrick llamaba a King a deshoras para hacerle preguntas filosóficas del tipo: «¿Crees en Dios?» o «Toda idea de que existen los fantasmas es optimista, ¿no es así?». Y cuando King hacía alguna propuesta —no le gustaba Jack Nicholson para el papel— Kubrick, muy suyo, le ignoraba por completo.

CONSTRUYENDO A LA BESTIA

El hotel que aparece durante los títulos de crédito recibe el nombre de Timberline Lodge, y está situado en Oregón. En un principio, Kubrick pensó rodar allí mismo la película, pero finalmente decidió grabar en Londres. Para los exteriores se construyó una parte de la fachada del hotel Timberline y un laberinto —en el que Kubrick llegó a perderse—, y todos los interiores son decorados que fueron construidos a partir de fotografías de otros hoteles. Kubrick eligió combinar estilos arquitectónicos distintos —varios inspirados en el arquitecto Frank Lloyd Wright— para que el espectador se sintiese descolocado, para que aquellos emplazamientos no habituales perdurasen en nuestra memoria. Otro aspecto que choca, es que la mayor parte de la historia transcurre a plena luz del día, en un hotel iluminado y limpio. Kubrick quería transmitir una sensación de normalidad y pulcritud,

algo que sirviese de contraste para cuando acontecieran los momentos de terror. La increíble y naturalista iluminación diurna se consiguió colocando paneles con miles de bombillas detrás de los ventanales del decorado, con una potencia que oscilaba entre los 700.000 y el 1.000.000 de watios. Además, el director hizo que algunas de las diferentes estancias estuvieran conectadas, para dar mayor sensación de que el hotel era real. Esta cuestión queda patente en la famosa escena del triciclo.

PARA SIEMPRE

Danny y su triciclo recorren los pasillos del Overlook a toda velocidad. En uno de sus trayectos, el niño entra en la zona de servicio y después sale a un pasillo contiguo, tuerce una esquina y avanza por un área de habitaciones. Vuelve a girar y entra en un corredor de tonos amarillos; al final de este hay dos niñas gemelas vestidas de azul cogidas de la mano, observando al crío. Danny detiene el triciclo, asustado ante aquellas niñas que no deberían estar ahí, pues salvo sus padres no queda nadie más en el hotel; como respondiendo a sus temores, las gemelas saludan a Danny con una voz fantasmagórica, y dicen: «Ven a jugar con nosotras, ven a jugar con nosotras, Danny». A continuación, el pequeño de los Torrance tiene una visión donde ambas niñas yacen muertas y cubiertas de sangre junto a un hacha. La visión desaparece y las niñas siguen ahí, de pie y repitiendo: «Para siempre. Siempre», mientras Danny vuelve a ver de nuevo la imagen de las dos crías masacradas. Ante tanto horror, el chico se tapa los ojos con las manos, y poco a poco, va separando los dedos, hasta que vuelve a mirar y comprueba que las gemelas han desaparecido. Danny habla con su amigo invisible «Tony», y le confiesa que tiene miedo. Ahora Danny se expresa con una voz diferente, pues es la voz de Tony la que contesta: «Recuerda lo que dijo el señor Halloran, son como los dibujos de un libro, Danny, no son reales».

LA MIRADA DEL HOTEL

La secuencia fue rodada con una cámara steadicam —ya sabes, una cámara con un soporte que estabiliza la imagen y permite al operador moverse con cierta libertad— montada en una silla de ruedas dirigida por su creador, Garrett Brown: «Logré montar la cámara en modo bajo, de modo que la lente estaba una pulgada por encima del piso, que es un lugar maravilloso e impresionante para la lente [...] El plano hacía el hotel más inmenso y misterioso». Gracias a Brown, el movimiento detrás del triciclo era fluido, continuo, y como si fuésemos subidos en otro triciclo detrás de Danny. Es la manera de Kubrick de enseñarnos el majestuoso hotel, sus laberínticos pasillos y los elaborados diseños de interiores, aunque Brown tiene otra curiosa teoría: «Hay algo en la calidad del movimiento de la steadicam en esta película que es sobrenaturalmente suave, que no se siente como una toma en movimiento de una película normal, como podría ser el punto de vista de Dios —un observador omnisciente—, o la visión del director... Se siente como el punto de vista del hotel, y muestra una cualidad ligeramente diabólica».

Otro apunte inquietante de esta escena se refiere al momento en el que Danny se topa con las gemelas. El hecho de que, al principio, las niñas estén al fondo del pasillo y apenas se vean —junto con el sonido de sus voces— produce una gran incertidumbre. Luego Kubrick inserta las imágenes de ellas muertas, y después volvemos a verlas más cerca, de frente, como si nos hablaran a nosotros. El director también emplea el pasillo —un papel pintado antiguo y amarillo—, para dejarnos en fuera de juego, pues resulta un claro contraste con los pasillos anteriores que venía recorriendo el niño, más modernos y reconocibles. Hay teorías muy delirantes sobre los pasillos y el mapa del hotel en el curioso documental *Habitación 237* (2012).

EL SOPLIDO DEL LOBO

Sería un pecado no mencionar otra secuencia de la película, en la que un Jack enloquecido y dispuesto a escarmentar a Wendy y a su hijo, asedia con un hacha a su mujer en el cuarto de baño. Jack cuenta en voz alta la fábula del lobo y los tres cerditos, y su soplido de lobo se convierte en hachazos sobre la puerta tras la que se esconde Wendy; Danny ha conseguido escapar por la ventana del servicio, pero ella no cabe, y solo puede enfrentarse a su marido armada con un cuchillo. Cuando Jack ha conseguido quebrar la puerta a hachazos, asoma la cara y dice la famosa frase: «¡Aquí está Johnnie!». Entonces mete la mano para girar el pomo, pero se lleva un buen tajo del cuchillo de Wendy. En ese instante, se escucha el motor de un coche oruga fuera del hotel, y Jack deja a Wendy para recibir como es debido al pobre Hallo-

ran. Kubrick buscaba la perfección repitiendo la misma toma una y otra vez, y el instante en el que Jack Nicholson golpea con el hacha se llegó a repetir más de sesenta veces, y fueron necesarias... efectivamente, sesenta puertas de madera que Jack destrozó sin compasión. El actor fue en su día bombero voluntario y sabía cómo echar una puerta abajo, pero Kubrick era de la idea de que, cuánto más cansado estuviese el actor, mejor quedaría la escena: «Cuando trabajas con Stanley te quitas el problema de la presión —comenta Nicholson—. No va a parar hasta que quede exactamente como quiere: bien, mal o indiferente. Siempre va a ser lo correcto».

¿Sabías qué...?

Shelley Duvall vivió un verdadero suplicio durante el rodaje. El personaje de Wendy debía pasar por diferentes fases emocionales extremas: angustia, nervios, desesperación... Y el método de Kubrick para que Shelley alcanzase la mejor versión de sí misma era aislarla del resto del equipo, presionarla, hacerle objeciones en público y repetir sus tomas hasta la extenuación. Con ella, las tomas válidas empezaban a partir de la número 35. La actriz sufrió varias crisis nerviosas, y cuando llegaba a su habitación lloraba constantemente. Con todo, siempre tuvo buenas palabras para el director, y consideró que toda esa presión le sirvió para mejorar como actriz. En 2021 recordaba los momentos difíciles vividos, pero cuando le preguntaron si Kubrick había sido cruel con ella, contestó: «No, fue muy cálido y amable conmigo. Pasó mucho tiempo con Jack y conmigo. Solo quería sentarse y hablar durante horas, mientras el equipo esperaba yo le decía: "Stanley, tenemos a sesenta personas esperando"».

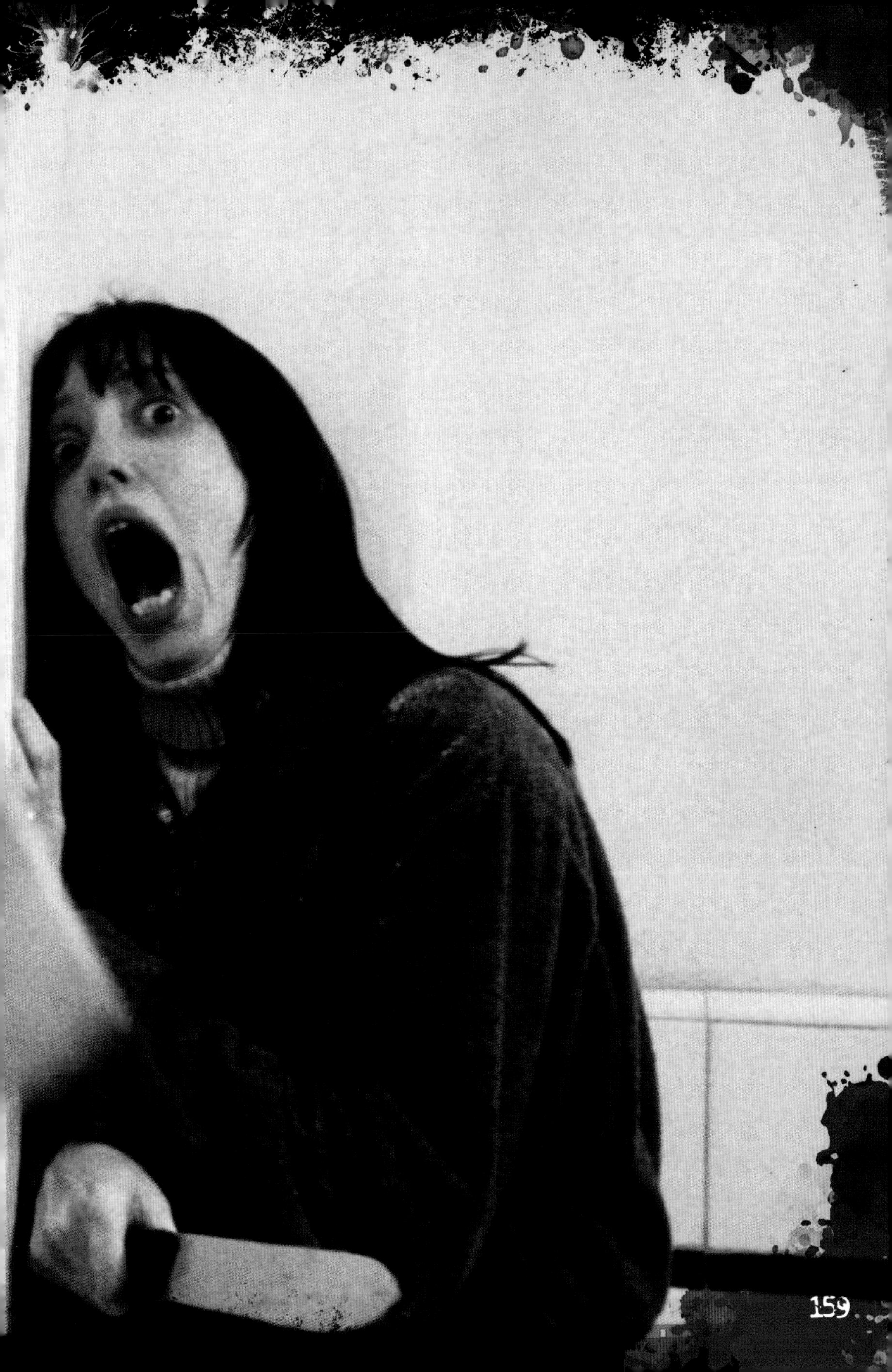

CUIDADO CON EL PERRO

CUJO

Cujo. 1983. Estados Unidos. Basada en un libro de Stephen King. Director: Lewis Teague. Reparto: Dee Wallace, Daniel Hugh Kelly, Danny Pintuaro. Género: Terror. Animales. Duración: 91 min.

UN PERRO APAÑAO

En la localidad de Castle Rock, un murciélago muerde a un perro San Bernardo y le contagia la rabia. El animal, de nombre Cujo, se va volviendo cada vez más agresivo, y no tarda en atacar a las personas que le salen a su paso. La mala fortuna provoca que Donna y su hijo Tad se crucen con el perro en una apartada granja, lo que les obliga a refugiarse en el coche averiado de la mujer para intentar salvar sus vidas.

Puede que *Cujo* no pueda batirse en igualdad de condiciones contra las mejores adaptaciones fílmicas de Stephen King, pero saca una nota alta en entretenimiento y sobresaltos, con algunas secuencias angustiosas muy logradas y unas interpretaciones principales bastante creíbles. Si a partir de *Tiburón* la gente cogió miedo a meterse en el agua, lo mismo puede decirse de los que vieron —o vimos— *Cujo*, pues desde entonces resulta difícil tener a un San Bernardo cerca y no soltar una risita nerviosa.

EL CUJO POSEÍDO

Como en muchas de las novelas de King, *Cujo* posee algunas conexiones con otras historias del maestro, dando esa sensación de universo relacionado y cohesionado que tanto apasiona a sus lectores. En varios pasajes del libro, se sugiere que el can ha sido poseído por el espíritu de Frank Dodd, un asesino múltiple que acabó suicidándo-

se en el transcurso de *La zona muerta*, novela publicada en 1979. El primer borrador del guion de *Cujo* fue escrito por King tomando el concepto del perro poseído, pero sin nombrar a Dodd y alejándose de varias ideas del libro, algo que no terminó de convencer a los productores ni —sorprendentemente— al mismísimo King. Se contrató a un nuevo guionista, que eliminó los componentes sobrenaturales para dar más realismo a la historia del perro rabioso. El director Lewis Teague compartía esta forma de ver la adaptación, aunque admite que se fijó en películas sobrenaturales como *Carrie* para hallar el modo de atemorizar al público: «Cuando hice *Cujo*, quería contar una buena historia sobre algo significativo, y sabía que el éxito dependería de si podía hacer que diera miedo. Estudié películas que me parecieron muy aterradoras o que sabía que eran muy efectivas cuando se las mostraban a una audiencia, y de ese modo extraje los principios que los cineastas usaron en esas películas para hacer que sus espectadores saltaran del asiento». Para tamaña tarea, Teague contó con un gran equipo técnico, en el que destacó Jan de Bont, un excelente director de fotografía que hizo auténticas virguerías con la cámara, y que tiempo después se haría famoso por ser el realizador de *Speed* (1994).

ASEDIADOS EN EL COCHE

Cujo ha intentado entrar en el coche sin conseguirlo. Donna ha perdido al perro de vista, pero seguro que sigue cerca, escondido en algún sitio de la solitaria granja. Hace un calor terrible y Donna observa a su hijo, encogido y sudoroso en el asiento de atrás. La mujer sabe que si quiere salvar a Tad tendrá que pedir ayuda. La casa está a pocos metros y ha escuchado como sonaba un teléfono; así que se ata a la mano un trozo de falda desgarrada y abre despacio la puerta del conductor. Donna desconoce que Cujo espera tumbado bajo el morro del coche, pero al salir del auto intuye el posible peligro y se agacha para mirar bajo la carrocería. El perro ya no está allí, ha rodeado el vehículo y ahora se acerca por la

espalda a Donna, que sigue en cuclillas. Cujo gruñe y Donna se gira asustada; el animal se lanza sobre la mujer y ella trata de sujetarlo. Tras un forcejeo, Donna logra apartar al perro de un rodillazo y abre la puerta del coche. Tad observa, perplejo, como el animal se introduce en el auto antes de que su madre pueda cerrar la puerta. El niño grita, mientras **Donna lucha con la enorme bestia encima; desesperada, alcanza una cantimplora de metal y golpea la cabeza del San Bernardo; este retrocede y clava sus colmillos en uno de los muslos.** Donna grita y suelta varios puñetazos al perro, hasta que, por fin, Cujo libera su pierna y sale del coche. La mujer, exhausta, cierra la portezuela, mientras Tad, llorando, suplica: «Mamá, quiero irme a casa».

DIEZ CUJOS

Uno de los mayores desafíos de la película fue hacer que un perro tan amigable como un San Bernardo fuera aterrador. El entrenador de animales Carl Miller fue el artífice de tan complicada tarea: «Estoy convencido de que Carl se comunicaba telepáticamente con los perros —asegura Teague— porque tenía un talento increíble para hacer que los perros hicieran lo que necesitábamos que hicieran». Miller eligió diez perros para el rodaje, y en la secuencia

del ataque a Donna intercaló hasta a seis San Bernardos que cumplían diferentes labores: tenían un perro que corría, otro que ladraba a la cámara, o uno que metía la cabeza por la ventanilla del coche. Además, usaron una cabeza mecánica y a un actor con traje de perro. Para hacer que el San Bernardo atacara el vehículo, metieron sus juguetes favoritos dentro del coche, de ahí sus ganas locas por querer entrar a por sus «chuches». Para el desagradable maquillaje de Cujo se usaron varios métodos naturales, como clara de huevo y azúcar para el morro, y jarabe para las babas rabiosas. Tras maquillarlos, tenían que rodar rápido porque si no los perros se lamían todo. Otra dificultad que hubo fue que la película transcurría en verano, pero en realidad estaban en octubre y con un frío que pelaba. Tuvieron que colocar calefacción dentro del coche —el rodaje en su interior se alargó cinco semanas—, pero con todo, tanto Dee Wallace como Danny Pintuaro, que iban en manga corta, sufrieron lo suyo. Al final de la secuencia, cuando Donna echa a Cujo del coche, vemos como la cámara gira alrededor de la mujer y su hijo, reflejando la sensación de ansiedad y zozobra que sienten los personajes. Este virtuoso plano lo confeccionó Jan de Bont después de pedir permiso para comprar otro coche. Le hizo un agujero en el techo e introdujo una cámara giratoria en medio del auto para que se pudiera filmar esa agónica y vertiginosa toma de 180 grados.

¿Sabías qué...?

El nombre de Cujo proviene de una palabra india que significa fuerza imparable. Stephen King no recuerda muy bien de dónde sacó el nombre, ya que por la época que escribió el libro pasaba días enteros... ¿Adivinas? Sí, totalmente borracho.

LA SONRISA DEL PAYASO

It. 1990. Estados Unidos. Basada en un libro de Stephen King. Director: Tommy Lee Wallace. Reparto: Richard Thomas, Annette O'Toole, Tim Curry. Género: Terror. Sobrenatural. Payasos. Duración: 192 min.

MIEDO CATÓDICO

Hace treinta años, una entidad maligna que adoptaba forma de payaso y recibía el nombre de Pennywise, fue destruida a manos de un grupo de niños que se hacían llamar «El Club de los Perdedores». Ahora, ya de adultos, la muerte de uno de sus miembros hace saltar las alarmas: Pennywise ha regresado a Derry, el pueblo donde nacieron, y está dispuesto a corromper y destruir a todos sus habitantes. «Los Perdedores» volverán a unirse para luchar contra el payaso.

La extraordinaria acogida de la miniserie *El misterio de Salem´s Lot*, no parecía augurar lo que ocurrió en los años ochenta, cuando los telefilmes de terror casi desaparecieron de la programación de las cadenas a causa de un cambio del modelo televisivo. Las cosas cambiaron en los noventa, y Warner Bros, el mismo estudio que produjo la adaptación de Tobe Hooper, se empeñó en trasladar a la pequeña pantalla *It* (1985), uno de los libros más voluminosos de King, con 1138 páginas. El guionista Lawrence D. Cohen acometió el titánico esfuerzo de comprimir la novela para ajustarla al formato de una miniserie, y eliminó la mayoría de tramas secundarias relacionadas con la vida personal de los adultos.

UN PAYASO SOLITARIO

El director contratado fue Tommy Lee Wallace, que había trabajado con John Carpenter y tenía experiencia en el cine de terror (*Noche de miedo II*, 1988). El reparto estaba plagado de estrellas de la época como Richard Thomas, John Ritter o Annette O´Toole, y el prestigioso actor Tim Curry fue quien se enfundó el traje del payaso Pennywise. Desde el minuto uno, Curry marcó distancias con los jóvenes actores protagonistas, sus más odiados enemigos en la miniserie: «Tim solía sentarse en su silla y fumaba un cigarro tras otro mientras le maquillaban —comenta la actriz Emily Perkins—. Cuando cualquiera de los niños se acercaba demasiado, nos sonreía enseñando sus horribles dientes puntiagudos. Quería intimidarnos para que nuestro miedo en la interpretación fuese real. No hizo ningún esfuerzo por resultar amable. Al menos no conmigo». De hecho, **Curry llegó a meterse tanto en el papel que durante sus días libres se le veía por ahí disfrazado de payaso.** «Lo divertido de él es que un payaso es tradicionalmente una imagen alegre muy acogedora y reconfortante —explica Curry—, y Pennywise no es ninguna de estas cosas. Pienso en él todo el tiempo como una sonrisa que se echó a perder, esa es mi imagen para él».

Con una duración aproximada de 240 minutos —aunque se comercializó en una versión de 190 aproximadamente—, *It* fue otro triunfo rotundo para Warner, alcanzando la friolera de casi veinte millones de espectadores durante su emisión en la cadena ABC. La interpretación de Curry era terrorífica, y el argumento consiguió transmitir el espíritu del libro: «La novela, y la miniserie, espero, encierran un mensaje positivo sobre los ritos de la infancia, sobre la importancia de permanecer juntos —explica Wallace—. Creo que esa es la mayor cualidad de Stephen King, francamente. Es especialmente perspicaz con respecto a la niñez y sus ritos de iniciación, sus traumas y sus triunfos». King acabó bastante satisfecho con la adaptación, si exceptuamos un desenlace en el que Pennywise se convierte en un arácnido gigante: «Mi única queja es que el final merecía algo mejor que ese arañote de juguete», afirmó el escritor.

TODOS FLOTAN

Muchos niños no volvimos a ver a los payasos del circo con la misma alegría. Curry tuvo la culpa. Las secuencias en las que interviene Pennywise —aquella en la que sale de un sumidero, el momento de los globos en la biblioteca...— son para quitarse el sombrero de Freddy Krueger, pero su primera aparición fue la que cogió a todos desprevenidos: en un día de lluvia, un pequeño barco de papel navega calle abajo, impulsado y mecido por la corriente. El dueño del endeble navío es George, un niño protegido con un chubasquero amarillo que alienta a su juguete mientras corre junto a la acera: «¡Navega, barquito, navega!», exclama el crío: «Es el barquito de Georgie». El barco sigue el curso del agua pegado al bordillo, hasta que cae dentro de la primera alcantarilla que encuentra en su camino. El niño se asoma, y cuando da por perdido su barquito, oye una voz que surge del interior de la cloaca: «Hola, Georgie». Y aparece la cara de payaso de Pennywise, con la piel blanca, su pelo rojo y la nariz colorada: «¿Quieres que te regale un globo?», pero el niño niega con la cabeza, porque su padre le dijo que no hablara con desconocidos. Entonces Pennywise le enseña el barco de papel, y le anima a que lo coja, a que meta la mano dentro de la alcantarilla: «¿Verdad que quieres cogerlo, Georgie? Y también el globo. Aquí abajo tengo caramelos, galletas y todo tipo de sorpresas». Y el niño pregunta: «¿Todos flotan?». Y el payaso responde: «Oh, sí, flotan, Georgie, flotan», y mientras George introduce el bracito para llevarse su barco, Pennywise añade, en un tono feroz: «Y cuanto tú estés aquí, conmigo, tú flotarás también». El payaso agarra la mano de Georgie, que grita, antes que una boca llena de dientes afilados se abalance sobre él.

LOS OJOS DEL MAL

El mérito de esta subyugante secuencia proviene de la abrumadora lección interpretativa de Curry, pero también del hecho de que, al ser una producción rodada para televisión, no podía ser demasiado explícita, lo que a la larga jugó a su favor, tal y como explica su guionista, Larry Cohen: «No podíamos ser explícitos con ciertas cosas, como cuando Pennywise le arranca el brazo a Georgie, pero podíamos hablar de ello [...] Podíamos hacer cosas que le permitiesen al espectador completar los huecos

con su imaginación». Y el hueco, como se pudo comprobar en la misma escena de la versión de *It* estrenada en 2017, era bastante sangriento.

A Curry no le hicieron falta efectos especiales, solo con sus gestos y su mirada fue capaz de infundir miedo al respetable, aunque durante los primeros ensayos se pensó en añadirle un elemento artificial: «Teníamos una versión del maquillaje con prótesis que era aterradora y maravillosamente ejecutada —explica Wallace—, pero hacía por sí sola casi todo el trabajo. Personalmente, creo que lo más terrorífico es ese momento en el que en los ojos de alguien se adivina la intención de matar, mucho más que los litros de sangre». La actuación de Curry fue tan intensa, que el actor que interpretaba al pequeño Georgie le llegó a decir: «Tim, me estás asustando», a lo que Curry respondió: «Lo siento mucho, pero se supone que tengo que hacer eso».

¿Sabías qué...?

La nueva versión de *It* (2017) fue un ambicioso díptico realizado por Andy Muschietti que culminó con *It: Capítulo 2* en 2019. A destacar los espectaculares efectos especiales y la magnífica composición que Bill Skarsgård hizo del personaje de Pennywise. El debate aún sigue abierto: ¿Qué Pennywise es tu favorito? ¿El de Curry o el de Skarsgård? Por cierto, es probable que este último vuelva a calzarse los zapatones del payaso para una precuela titulada *Wellcome to Derry*, una serie para HBO Max que vería la luz en 2023.

TU FAN NUMERO UNO

MISERY

Misery. 1990. Estados Unidos. Basada en un libro de Stephen King. Director: Rob Reiner. Reparto: James Caan, Kathy Bates, Richard Farnsworth. Género: Terror. Drama psicológico. Duración: 107 min.

ANNIE WILKES, ICONO DE LOS NOVENTA

Paul Sheldon es un escritor de éxito que acaba de concluir su última novela en una cabaña remota de Colorado. De regreso a la civilización, Sheldon sufre un accidente de coche y es rescatado por una enfermera llamada Annie Wilkes, que tras atenderle en su casa se

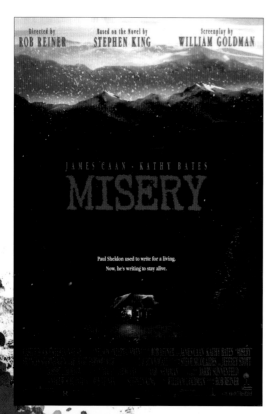

declara como una gran fan de sus libros, en especial de las novelas románticas de Misery, un personaje que Sheldon odia y al que ha matado en el recién terminado manuscrito. La noticia de la muerte de Misery enfurece a Annie, que pretende, a toda costa, que el novelista la devuelva a la vida escribiendo un nuevo libro. Sheldon sospecha que la mujer padece alguna enfermedad mental, y cuando trata de escapar descubre que Annie le ha encerrado en la habitación que ocupa.

Misery fue una de las gratas sorpresas de 1990, un notable ejercicio de suspense que adapta con precisión de cirujano la muy recomendable novela de King. La película siempre será recordada por el inmenso trabajo de una Kathy Bates que ganó el Oscar y el Globo de Oro, si bien es de justicia remarcar la estupenda replica que le da James Caan, el excelente guion adaptado del oscarizado William Goldman, o la sólida dirección de Rob Reiner, que legó a la posteridad cinematográfica varios momentos remarcables.

CUENTA CON REINER

El proceso de creación de una película puede acaecer en cualquier parte, incluso en la sala de espera de un aeropuerto. Así sucedió cuando, debido al retraso de un vuelo, un amigo del realizador Rob Reiner decidió comprar un ejemplar de *Misery*, el nuevo superventas de Stephen King. Le pareció una novela genial, y cuando se puso en contacto con Reiner le preguntó si ya la habían adaptado al cine. El director supuso que sí, pero cuando indagó un poco descubrió que King no estaba poniendo las cosas fáciles a las productoras: «Este era un libro muy personal para Stephen King —asegura Reiner— trataba sobre la lucha libre que mantienen las personas creativas que están atrapadas por su propio éxito. Él era un escritor de libros de terror, pero también quería expresarse como escritor, así que tiene a este personaje, Paul Sheldon, que se ha hecho famoso escribiendo estas novelas de Misery, pero que se quiere separar y hacer otra cosa, algo especial; y Annie Wilkes representa a la base de fans que no quiere que eso suceda, se enfadaría mucho si él fuera en una dirección diferente. Era un libro personal, por extraño que parezca, así que King no le daba opción a nadie, a menos que pensara que estaría en buenas manos, y como a él le encantaba *Cuenta conmigo* (dirigida por Reiner en 1986) y dijo que era la mejor adaptación de todo lo que había escrito, me comentó: "Te daré todo si produces y diriges", y lo hicimos así para que él se sintiera cómodo».

CUIDADO CON EL PIE

Misery juega en la liga del terror psicológico, y posee varios pasajes de intriga al estilo Hitchcock soberbios, aparte de un par de sobresaltos de aúpa. No obstante, las escenas más recordadas tienen que ver con dos chispazos de extrema violencia. Uno es más obvio porque llega durante el clímax de la película… El otro tiene que ver con unos diamantes: en una de las ausencias de su captora, el novelista, incapacitado en una silla de ruedas, sale de su cuarto y ojea un álbum de recortes de periódicos con noticias referidas a varios asesi-

natos de recién nacidos en un hospital de maternidad. En uno de los recortes aparece una foto de la enfermera Annie Wilkes, y en el titular se la acusa de ser la asesina de los bebés. El escritor vuelve a su cama, y allí ensaya como atacar a Annie con un falso cabestrillo y un cuchillo que ha cogido de la cocina. Cae la noche, y Sheldon escucha como Annie aparca el coche y entra en la casa; pese a que está preparado para luchar, la enfermera no entra en la habitación y pasa de largo; Sheldon guarda el cuchillo bajo el colchón y cae dormido. Al poco, el escritor despierta y encuentra a Annie a su lado, que rápidamente le pincha con una inyección; la droga le sume en un profundo sueño y, al amanecer, Sheldon se encuentra atado a la cama: «Sé que has salido», dice Wilkes. Él lo niega, mientras busca el cuchillo bajo el colchón; pero la enfermera lo ha cogido y se lo enseña. Después le asegura que acabará por acostumbrarse a vivir con ella, y dice: «¿Sabes algo de las primeras épocas de las minas de diamantes Kimberley? ¿Sabes lo que se les hacía a los trabajadores que roban diamantes? No te preocupes, no los mataban [...] Tenían que asegurarse de que podían seguir trabajando, pero también de que no podrían escapar. La operación se llamaba "restricción"». Annie saca un madero y lo coloca entre los pies desnudos del escritor; acto seguido levanta un pesado mazo. **Sheldon suplica que no lo haga, Annie contesta: «Confía en mí». Y golpea con brutalidad el tobillo izquierdo, doblándolo por completo.** Luego se dirige a la otra pierna y repite el proceso. Sheldon aúlla de dolor, y Annie responde: «¡Dios, cuánto te quiero!».

CANALIZANDO LA FRUSTRACIÓN

En el guion original, la secuencia era fiel al libro de Stephen King, y Annie usaba un hacha para cortar uno de los pies de Sheldon. Pero la escena resultaba tan dura que George Roy Hill, el primer director que quiso realizar la película, abandonó el proyecto. Tampoco le hizo gracia a Warren Beatty, el actor que debía encarnar al escritor, que finalmente optó por otros trabajos. Así que, cuando Rob Reiner echó mano del guion de Goldman, pensó que debían reescribir la secuencia si querían salvar al pobre Sheldon, y pidió al guionista

que cambiara el hacha por un mazo, y en vez de cortarle la pierna, que «solo» le partiera los pies. A pesar de que para el momento «tobillos» no fue necesario el uso de sangre —solo se ve un pie troncharse y, tranquilos, se trataba de una extremidad falsa—, seguía siendo un momento difícil para los actores, especialmente para Kathy Bates, que tenía algunos problemas con James Caan a la hora de preparar cada toma: ella era una actriz procedente del teatro que ensayaba una y otra vez, y Caan era un actor curtido que prefería ser natural y dejarse llevar. Bates tuvo que hablar con el director y pedirle ayuda: «Kathy seguía diciendo: "Jimmy no se identifica conmigo, no me escucha", y yo le respondí: No es cierto que sea así, pero puedes usar tu frustración para alimentar tu ira y hacer que tu personaje sea más real». Bates interiorizó el consejo de Reiner y consiguió canalizar su frustración, solo hay que observar la furia que hay en su mirada cuando levanta el mazo antes de jugar al golf con los pies de Sheldon. Aún con esas, la actriz lloró antes de rodar la secuencia, y lo pasó realmente mal hasta que finalizaron. El esfuerzo mereció la pena: Annie Wilkes se convirtió en un icono del cine de terror, y los premios recibidos por Bates fueron el

comienzo de una rutilante carrera: «Creo que tengo una relación amor-odio con *Misery* en cierto modo —explica Bates—, no me gusta que me identifiquen por los siglos de los siglos como la mujer que dejó cojo a ese pobre hombre en la cama, pero ciertamente fue una película que disfruté haciéndola. Mi madre pensó que solo estaba siendo yo misma, y mi esposo en ese momento dijo que sí, había visto algunas de esas expresiones antes, así que probablemente sea un cliché, estaba jugando a mí misma; pero, eh, cambió mi vida».

¿Sabías qué...?

Jack Nicholson fue uno de los muchos actores que optaron al papel de Sheldon, pero denegó el ofrecimiento porque no estaba seguro de querer rodar otro filme basado en una novela de Stephen King después de su agotadora interpretación en *El resplandor*. Precisamente, en una secuencia de *Misery* se menciona que un hombre se volvió loco en un hotel cercano, en referencia al libro y a la película que transcurre en el diabólico Overlook.

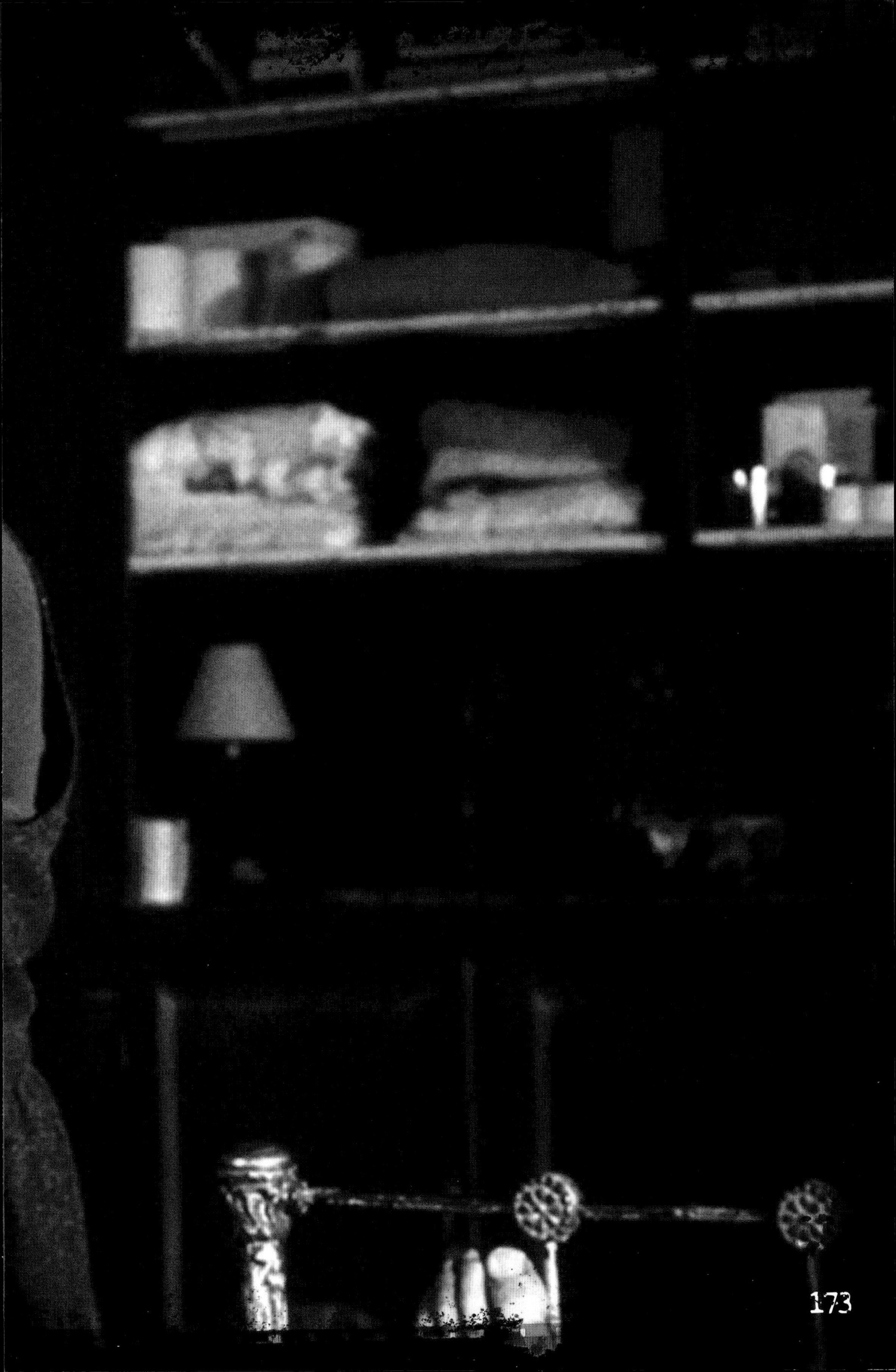

Advertencia: en las
siguientes líneas hay
spoilers imperdonables.

OTROS MOMENTOS KING

Como realizar una revisión de todas las adaptaciones de King daría para más de un libro, a continuación solo se han escogido algunos viles momentos de otras de sus famosas películas. De la excelente antología de historias cortas titulada *Creepshow* (1982), dirigida por George A. Romero, resulta muy memorable el final del *sketch* titulado «El día del padre», en el que el cadáver de un hombre asesinado por su hija durante el día del padre cobra vida para reclamar el pastel que no pudo zamparse en aquella conmemoración; de paso mata a su vástago y a todo el que se pone por delante. Homenajeando a los viejos cómics de la EC, el padre putrefacto ataca mientras repite una y otra vez: «Quiero mi tarta, quiero mi tarta», hasta que al final, tras liquidar a su hija, usa su cabeza a modo de tarta y le coloca unas velas en el pelo.

De Romero saltamos a John Carpenter y su flamante *Christine* (1983), donde un Plymouth diabólico hecho trizas se reconstruía delante de Arnie, su dueño, para vengarse de sus agresores. Carpenter rodó primero la destrucción del vehículo, y después lo reprodujo a la inversa para la asombrosa recomposición, confiriendo a la secuencia de una singular elegancia, y rematándola con la acertadísima canción «Harlem Nocturne». Aunque no sea de terror, la inolvidable *Cuenta conmigo* (1986) es un emotivo filme de carácter autobiográfico con una espectacular guerra de tartas llena de vomitonas. Otro taquillazo fue *El cementerio viviente* (1989), interesante película de Mary Lambert donde una familia resucitaba a su hijo —muerto en un accidente— mediante un ritual en un cementerio mal-

dito, pero el crío, como era de esperar, volvía con ansias criminales. En la mejor escena, el padre se veía obligado a matar de nuevo al pequeño, y el grito de agonía del niño es de los que te desgarran por dentro. Otra genial adaptación alejada del miedo es *Cadena perpetua* (1994), conmovedora obra maestra que, entre otras, nos regalaba la excepcional escena en la que Tim Robbins conseguía escapar de la cárcel a través del poster de *Gilda*. Otros dramas con toques siniestros —*Eclipse Total*, *Dolores Claiborne* (1995) o *Verano de corrupción* (1998)— mantuvieron el

prestigio de King durante los años noventa, y ya en el nuevo siglo, quizá la película más redonda de estos últimas décadas sea *La niebla* (2007), dirigida por Frank Darabont. Esta adaptación de una novela corta escrita en 1980, tiene la conclusión más tremenda jamás rodada para una adaptación de un libro de King: cinco supervivientes huyen en un coche de una niebla que esconde una serie de criaturas, algunas de ellas gigantescas. Parece el fin del mundo. Han sufrido demasiado y no les queda gasolina. Tienen un arma y deciden usarla para evitar una muerte horrible. El protagonista, David, mata a dos ancianos, a su esposa y a su hijo, pero no le quedan balas para él. Arrasado por el dolor, sale del vehículo para que lo atrape alguno de esos repugnantes seres. Escucha que algo grande se acerca.

Cree que va a morir, pero, entre la niebla, aparece un tanque. Es el ejército, que viene al rescate y está aniquilando a todos aquellos monstruos que parecían indestructibles. A David únicamente le queda llorar y gritar de desesperación.

Este atroz desenlace no es fiel al libro, pero a King no le importó: «Me encanta *La niebla* porque, por una parte, sólo es una película de terror a la que le da igual todo y, por otra, es una película de terror adulta».

BIBLIOGRAFÍA

LIBROS

AGUILAR, CARLOS (ET AL.). (2002). *Cine fantástico y de terror alemán (1913-1927)*. Donostia Kultura.

AGUILAR, CARLOS (ET AL.). (2005). *Cine fantástico y de terror español (1984-2004)*. Donostia Kultura.

COMAS, ÁNGEL. (2007). *Coppola*. T & T Editores.

CORRAL, JUAN M. (2003). *Hammer: La casa del terror*. Calamar edición & diseño.

CRESPO, BORJA. (1998). *La noche de los muertos vivientes*. Midons editorial.

CUADRADO ALVARADO, ALFONSO. (2018). *El hogar infernal*. Editorial UOC.

DÍAZ-MAROTO, CARLOS. (2000). *Cine de vampiros: una aproximación*. Recerca editorial.

HOSTENCH, MIKE Y MARTÍ, JESÚS. (1996). *Pantalla de sangre*. Midons Editorial.

GARCÍA-OCHOA PECES, ROBERTO. (2019). *Todos los colores del Giallo*. T & B Editores.

GUILLOT, EDUARDO. (1997). *King, el rey: un universo de terror*. Editorial La Máscara.

KROHN, BILL. (2010). *Maestros del cine: Alfred Hitchcock*. Cahiers du Cinéma.

KROHN, BILL. (2013). *Maestros del cine: Stanley Kubrick*. Cahiers du Cinéma.

LARDÍN, RUBÉN. (1998). *El resplandor: la ola de terror que barrió América*. Midons Editorial.

LAZO, NORMA. (2005). *El horror en el cine y la literatura*. Ediciones Paidós.

LEUTRAT, JEAN-LOUIS. (1995). *Vida de fantasmas: lo fantástico en el cine*. Ediciones de la Mirada.

LOSADA, OSCAR. (1999). *John Carpenter: no estamos solos*. Nuer Edidiones.

NAVARRO, ANTONIO JOSÉ. (2016). *El imperio del miedo: el cine de horror norteamericano post 11-S*. Valdemar.

PORCEL, PEDRO. (2018). *Cine de terror: 1930-1939*. Desfiladero Edidiones.

TRUFFAUT, FRANÇOIS. (2001). *El cine según Hitchcock*. Alianza Editorial.

PÁGINAS WEB

 BONDÍA, ELENA. (6 de septiembre de 2022). Hermann Warm, el arquitecto de los sueños. *Encadenados*.

DAVIS, ERIK. (10 de septiembre de 2022). «Hereditary» director Ari Aster explains the film most shocking and surprising moments – spoilers!. *Fandango*.

BLAKE. (29 de agosto de 2022). NIFF 2008 – *Let the Right One In* Interview. *Screenanarchy*.

HOWE, DAVID J. (18 de noviembre de 2022). Bob Keen interview. *Archival Mutterings*.

 BREZNICAN, ANTHONY. (28 de octubre de 2022). The story behind one of the creepiest scenes in TV history. *Vanity Fair*.

WIXON, HEATHER. (23 de septiembre de 2022). Practical-y perfect: celebrating the special effects of Hellraiser. *Dayly Dead*.

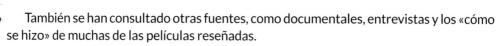

También se han consultado otras fuentes, como documentales, entrevistas y los «cómo se hizo» de muchas de las películas reseñadas.